TOKYO KIMONO SANPO

東京着物さんぽ

著
ちいま

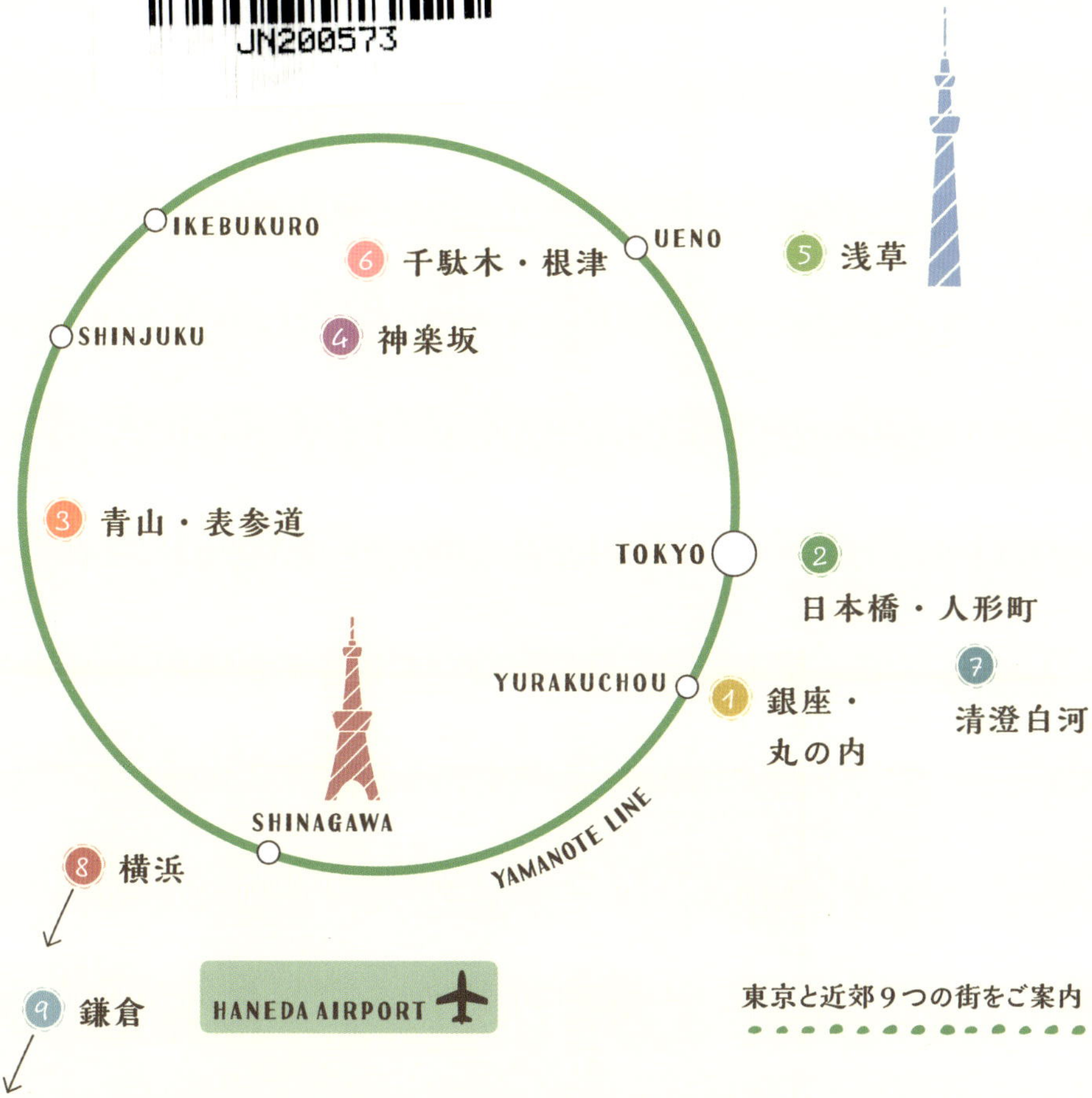

東京と近郊９つの街をご案内

きもので散歩するといいこと尽くめ！

きもの姿を増やしたい、もっときものを楽しんでほしいと思っています。

きものがふだん着だった時代は、わたしたちの知らない昔になってしまいましたが、かつては、街のあちこちをきもの姿の人々が彩っていました。

日頃からきものを着て暮らすわたしにとって、きものはそんなに特別なものではありません。むしろ、洋服と同じファッションのひとつ。難しいものと尻込みせずに、まずはチャレンジしてもらいたいな、と思っている今日この頃です。

最近、「和洋ＭＩＸ」なる着方が流行してきました。きものと洋服のものを組み合わせて楽しむ、新しいファッションの形です。「きもの姿にイヤリング」「インナーにパーカー」「帽子や靴と組み合わせる」など、スタイルはさまざまです。

きものにはＴＰＯがあると言われますが、きもの散歩に堅苦しいルールは不要。

ぜひ好きに楽しんでください。


着付けはひと手間かかることかもしれません。でもそのひと手間で、現代のわたしたちが忘れかけている、丁寧な暮らしを取り戻すきっかけが訪れるのです。例えば、きものは季節に合わせた色や柄を、あれこれ考えて選びます。そ

うすると、自然と季節のうつろいや花鳥風月に関心がわきます。また、きものや和装小物などを通して、日本の伝統文化や伝統工芸、伝統芸能などをより身近に感じるようになります。日頃の暮らしや自分を見直す時間が増え、心が豊かになっていくのです。

本書で紹介した場所は、わたしのお気に入りばかり。きもの来店で特典を受けられるところ、きもので行くと写真映えするところ、和の文化に触れられるお店、きもので過ごしやすいカフェやレストランなどを紹介しています。皆さんのお出かけライフが、より楽しいものになりますように。もしばったりとわたしに会ったら、気軽に声をかけてくださいね。

最後に。取材予定表を見て「お母さん……東京へ遊びに行っているの?」と疑わし気なまなざしを向けてきた子どもを含め、いつも快く送り出してくれる家族たちに感謝します。

２０１９年　桃の実が香る頃に

きくちいま

目次

part 2

日本橋・人形町

part 3

青山・表参道

part 5

浅草

part 6

千駄木・根津

part 8

横浜

part 9

鎌倉

part 7

清澄白河

Column

Special

※本書の情報は2019年9月取材時のものです。価格は特記のあるものを除き、税込み表記です。本書の発売後、予告なく価格などが変更となる場合がございます。

Introduction

きものを着て街に出かけよう！

着付けがめんどうと思うかもしれませんが、きもので出かけると、いつもの景色も変わって見えますよ。レンタルサービスなどもありますので、気軽に考えて。

きものを持っているなら

自分で着る　or
知人・友人に着せてもらおう

ひとりでは……とためらうのであれば、誰か友だちなどを誘ってください。帯を結び合うのもいいと思います。事前にどんなものを着るか相談するのも楽しい時間ですよ。

次ページを参考にコーディネートを考えてみて！

きものを一式持っていなくてもOK

レンタルショップを利用する

「持っていないけれど着てみたい！」という人も、「持っているけれど、上京するのに荷物が増えるのはいや」という人も、レンタルなら手軽にきものが着られます。まずはチャレンジ！

p.10でおすすめのレンタル屋さんを紹介しています

今日のお出かけスタイルは どのタイプにする？

最近のきものを大きく３種類に分けてみました。大事なことは、着たいものを着たいように着ること。ただし、ちょっと格式が高めの場所なら「きちんとさん」っぽくしたほうがフォーマル度も上がりよいでしょう。

洋服を上手に組み合わせる

和洋MIXさん

中にブラウスを着たり、裾からスカートを見せたり、帽子やブーツ、ヒールとの組み合わせも。最近、人気急上昇中のきものの楽しみ方です。

- 履き物は靴やサンダルもあり
- 斜め掛けバッグでもよい
- 結ばない帯結びもOK

洋服のようにきものを楽しむ

カジュアルさん

シルエットは「きちんとさん」と同じですが、アクセサリー使いや髪型などは洋服のときと大差なし。自由に楽しんでいる印象の着姿です。

- ダウンヘアーもあり
- 草履or下駄
- 洋服用バッグでもよい
- 半幅帯もOK

いかにもきもの、の正統派

きちんとさん

白い半衿《はんえり》に白い足袋の、いわゆる基本形の着方です。紬や木綿のきものでも、白い半衿で白足袋を履くと、きちんとした印象を持たれます。

- ロングヘアーの場合はまとめ髪に
- 草履を合わせるのがグッド
- 袋帯or名古屋帯

低 ← フォーマル度 → 高

高 ← 自由度 → 低

レンタルきものを利用してみよう

手ぶらでＯＫ！　ここでは浅草にある『はんなりサロン』さんを一例として紹介します。冬は羽織などの防寒対策も揃っています。「いかにもきものをレンタルしている人」ではなく「おしゃれなきものを持っている人」に見えますよ。

① きものを選ぶ

小物にも手抜きせず、夏は日傘、冬は羽織、雨の日は蛇の目傘をセットに入れてくれて、まさに至れり尽くせり。ぜひ手ぶらでどうぞ。

② 着付けスタート

着てみたいきものをセレクトしたら、スタッフが着付けをしてくれます。

③ お茶体験もできる

完成したら、店主による日本伝統文化の特別レクチャーも受けられます。国宝級のお茶碗で一服いただいたら、さぁ、出かけてみましょう！

DATA　はんなりサロン　map ▸ p.100

電話　03-5830-0155　営業時間　「着物レンタル・日本文化体験」は毎週木・金曜の10:00開始〜16:00返却。手ぶらOK。セット内容はきもの、帯、長襦袢、帯揚げ、帯締め、着付け小物（肌襦袢、和装ブラジャー、裾除け、腰ひも4本、伊達締め2本、衿芯、帯板、帯枕、足袋）、和小物さくらの草履&バッグ、蛇の目傘（雨天の場合）など。　料金　10,000円　休み　きもの・ゆかたレンタルは水曜定休。そのほかの定休日は年末年始、夏季休暇　アクセス　都営地下鉄浅草線浅草駅より徒歩5分　住所　台東区花川戸1-2-4丸善ビル8階　HP　https://han-nari.jp/

きもの散歩で気を付けたいこと

① 着たいものを着ること

きものを着ることをためらわないこと！　他人の目を気にしたり年齢や性別を言い訳に尻込みする人もいますが、あなたが楽しげにきものを着て出歩いていればOK。もしひとりでは……と思うなら、お友だちか誰かを誘ってください。

② 褒められたら笑顔で返そう

きもの姿で歩いていると「すてきですね」と声をかけられます。そういうときに謙遜したり、反対に自慢したりする人をよく見かけます。でもひと言お礼だけを。「なぜ、きものなの？」と聞かれたら、堂々と「好きだからです」と答えて！

③ 足が楽な「いいもの」を履いて

今回わたしが取材で歩き回って一番実感したことです。最多で1日2万歩近くも歩きましたが、いい草履なら足は本当に疲れません。わたしがいつも履いているのは、『菱屋カレンブロッソ』さんか『和小物さくら』さんの草履です。

④ ちょっとした仕草できものを守る

階段を上るとき、上前を少し持ち上げると歩きやすくなります。食事中は手ぬぐいを汚れ防止に活用しましょう。また、昭和初期以前に作られたアンティークきものは、柔らかなソファに座らないほうが無難です（お尻部分が裂けるかも）。

⑤ 無理しないこと

きもの初心者ほど、季節ルールにとらわれて袷《あわせ》（裏地があるきもの）を着ないといけないと、暑いのをガマンしがちです。暑いなら無理せず単衣を着て。足元も鼻緒が痛ければ履きなれた靴でもいいのです。あなたの体調が最優先です。

part 1

銀座・丸の内

ファッションビルやオフィスビルが建ち並ぶ銀座・丸の内界隈は、昔からおしゃれな人の集う街、というイメージ。歌舞伎座が近いこともあって、きもの姿の方との遭遇率が高めです。きもの姿というだけで格上に見てくれる雰囲気があります。

銀座・丸の内散歩

ピックアップ きものコーデ

本パートに登場するコーデの一部を紹介します

きちんとさん

飾り気のないシンプルなアップスタイルは万能。似合う高さと位置を探って

濃い紫の帯締めは、ほんの少し赤みがあるとやさしげな印象に

白半衿は、塩瀬・ちりめん・絽・レースなど、白ければOK

白衿のもたらすメリットは清潔感と品のよさ

きものの色調をあえて抑え、淡い色の帯を。明るい色の帯揚げと全体を締める色の帯締めを組み合わせて、清潔感のある上品なコーディネートに。

カジュアルさん

あえて片側に寄せただけのダウンヘアもすてき

好きな色同士を組み合わせた帯回りコーデは、他のきものにも有効

きものの地色と合わせた大振りのイヤリングは片方でもおしゃれ

好きな色を集めて洋服感覚で

黒・水色・黄色を中心にしたコーディネート。水色と白の帯締めを黄色の帯に合わせています。はっきりした色を堂々と使うと清々しくていいですね。

和洋MIXさん

ピアノの柄の帯にト音記号の形に結んだ帯締め。いかにも楽しげ

濃い色の足袋と同系色の草履で、靴っぽく見せるのもあり

ベレー帽とハンドバッグの色をリンクさせてバランスよく

いつもと違った結び方で目線を帯締めに集める

帯締めがト音記号の形になっています。これは音楽イベントがあるときにもおすすめ。片方を長くして、形を整えながら巻き付けます。鏡を見ながら挑戦を。

きものを着て行きたい
場所ナンバーワン

歌舞伎座《かぶきざ》

きものを着て行く人が多く、洋服で行った人が後で、「わたしもきものにすればよかった」と嘆く声をよく聞きます。いろいろな着こなしを見て、触発されるのでしょうね。どんなコーディネートにするか迷うのも、楽しい時間になります。

歌舞伎座は明治22（1889）年に建てられましたが、震災や戦災で焼失するなどして、4回建て直されています。現在の歌舞伎座は5代目。新しい歌舞伎座は近代的なオフィスビルも併設されていて、迫力のある独特のたたずまいを誇っています。由緒ある建物で一見古風なようですが、バリアフリーの面でも、中身は最新鋭。きものを着ている人はもちろん、車いすの方でも安心して歌舞伎を楽しむことができます。

　歌舞伎座屋上の5階には、実際の歌舞伎で使われる衣装や小道具などが展示された「歌舞伎座ギャラリー」や、誰でも気軽に入れる屋上庭園などがあります。

銀座から東銀座方面へ、歌舞伎座の近くに進むにつれて、きもの率がだんだんと上がっていくのもこの界隈ならでは。

初めて歌舞伎座へ行く人は、何を着て行ったらいいか迷うこともあると思います。梨園の関係者が訪問着（格のあるきもの）を着てご挨拶している光景が目に留まりますが、だからといってわたしたちも訪問着を着なければいけないかというと、全くそうではありません。そもそも、こちら側は娯楽のために来ているのです。着たいきものを着たいように着るのが正解。夏はゆかたでもいいくらいです。

着ればよかったと後悔するならば、堂々ときものを着て行くほうが断然いいですよ。

訪問着や付下げもアリ！
色無地やお召に黒羽織！
演目と合わせる楽しみも。
小紋ももちろんいいですね〜
夏はゆかたでもOKです！
衿付きにして足袋を履いてきもの風に。

DATA

電話	03-3545-6800
開演時間	公演内容により異なる
料金	同上
休み	同上
アクセス	東京メトロ日比谷線東銀座駅直結、東京メトロ銀座線ほか銀座駅より徒歩5分
住所	中央区銀座4-12-15
HP	https://www.kabuki-za.co.jp/

Point

演目のモチーフを取り入れてみて

演目内容に柄や小物を合わせたコーデは、自分だけがわかっていればOKです。それでも、誰かに気付いてもらえたら嬉しいですね。右はわたしの友人の帯。「忠臣蔵」の登場人物がうさぎになっています。

観劇後にきもので
味わいたい日本茶

寿月堂《じゅげつどう》
銀座《ぎんざ》 歌舞伎座店《かぶきざてん》

庭園を眺めながらのんびりティータイム。
カウンターの席では、お茶をいれるところがじっくりと見られて、勉強に→なります。
パスタソースにも海苔がたっぷり。冷たい「まつり芽茶」もすっきりおいしい。

歌舞伎座の上にあるので、きもの率が高いです。

老舗海苔店が経営するお茶の専門店。歌舞伎座の屋上庭園を眺めながら、お茶やお菓子、軽食をいただけます。

特に「煎茶セット」がおすすめ。緑茶ってこんなに甘みと旨みがあったのかと、ふだんのお茶のいれ方を反省し、学ぶ場にもなります。セットの抹茶フィナンシェは濃厚でしっとり。老舗海苔店の底力がわかる「お茶漬け」や海苔を使ったパスタもおいしいですよ。

DATA

電話	03-6278-7626
営業時間	10：00～18：00、土・日曜・祝日～18:30、(喫茶LO.30分前まで)
料金	「煎茶セット」1200円～、「海苔のクリームパスタ」1400円ほか
休み	12月27日～1月1日
アクセス	東京メトロ日比谷線東銀座駅直結、東京メトロ銀座線ほか銀座駅より徒歩5分
住所	中央区銀座4-12-15歌舞伎座タワー5階
HP	http://maruyamanori.net/sp/kabuki-za/store/

帯の間にはさみたい
薄くてすてきながま口

文庫屋「大関」
銀座店

ぶんこやおおぜき　ぎんざてん

帯にはさむのにちょうどいい!
きものを着る人に一番おすすめなのは、「天溝がま口」。
お札やチケットが折らずに入る「ぐるっとファスナーの長財布」
カードポケットがついたスマホケース
小銭入れのところからお札をスルッと取り出せるよう工夫された「2WAY札入れ」
すてきな柄が多くて迷うのもまた楽しい!

皮革工芸「文庫革」の専門店です。白い革に型押しをし、職人が一筆ずつ色を入れ、漆と真菰《まこも》（イネ科の植物の粉）で独特の風合い・錆《さび》を入れるという、昔ながらの方法で製作しています。わたしが気になったのは、背の部分に柄のないスマホケース。背はよく折り曲げるので、革が伸びやすい部分はあえて柄を外したのだそう。革製品の特徴を知り尽くしたお店だからこそできる工夫ですね。

DATA

電話	03-6264-4100
営業時間	11:00～19:00
料金	財布15500円～、小物入れ6500円～ほか
休み	なし
アクセス	東京メトロ有楽町線銀座一丁目駅より徒歩3分、東京メトロ銀座線ほか銀座駅より徒歩5分
住所	中央区銀座1-8-7　1階
HP	https://www.oozeki-shop.com/

日本文化に関する本なら
きっとここで見つかる

銀座
蔦屋書店

ぎんざ　つたやしょてん

日本文化担当のコンシェルジュがいる、珍しい本屋さんです。こんな本ないかな？と探すとき大きな力になってくれます。

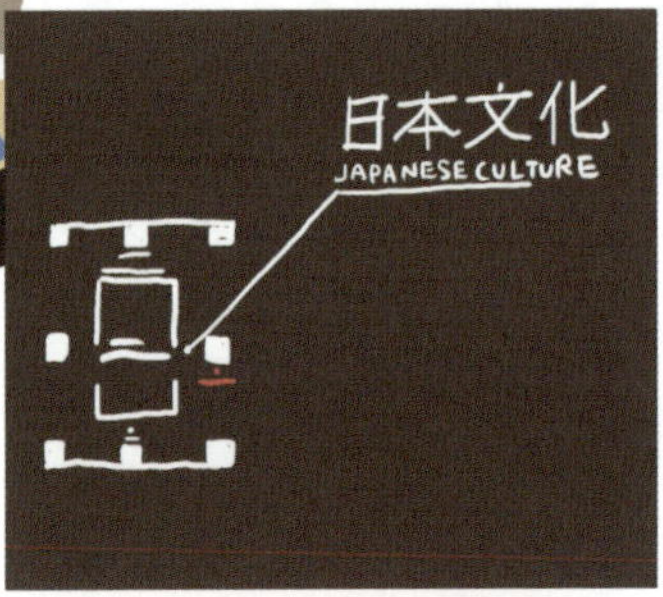

日本文化に特化したコーナーがあり、きものはもちろん、和に関するテーマが充実しています。

実際に染めた生地が貼ってある日本の色を網羅した本。全6巻です。

全国的に珍しい、日本文化担当のコンシェルジュが存在する本屋さんです。ジャンルは様々。歌舞伎や能などの伝統芸能、和食や和菓子などの料理関連、宗教や歴史についても網羅しています。こんな本を探している、というときにぜひ相談してみてください。自慢のコレクション（もちろん売り物）も見せてくれますよ。マニアックな話になって盛り上がること請け合いです。

日本文化担当コンシェルジュの佐藤昇一《しょういち》さんは、実は元歌舞伎役者。きものの所作や柄、色合いなども詳しいのです。いつか、きものでお店に立ちたいと思っているんですって。似合うだろうなぁ。

本屋さんではありますが、本だけではないのがこのお店の特徴。浮世絵の本のそばには、本物の浮世絵が額装されて売られ、京繍《きょうぬい》の本のそばには、京繍の名刺入れや桐箱が売られています。百人一首の本のわきには、『琳派《りんぱ》400年特別仕様版』という名で尾《お》形《がた》光琳《こうりん》の小倉百人一首がガラスケースに入って並べられていました。和綴じ本の解説書と防虫香がセットで桐箱に入っていて特別な感じのバージョンです。

　奥のコーナーには刀や武士の本が並び、なんと刀も飾ってあります。本物とはなんぞや、というところがすぐに見られる。美術館や博物館の要素も詰まった本屋さんです。

源氏物語に登場する和歌で作った「源氏歌かるた」は、源氏香図も描かれているので香道にも使えます。

「ビッグブック」と呼ばれているとても大きく重い本は、下の台もセットで販売されています。

台ごと!? と驚きました。

料理人が描いたという料理の専門書。

古書も取り扱っているんですね〜。

DATA

電話	03-3575-7755
営業時間	10:00〜22:30
休み	不定休
アクセス	東京メトロ銀座線ほか銀座駅より徒歩2分、東京メトロ日比谷線東銀座駅より徒歩3分
住所	中央区銀座6-10-1 GINZA SIX 6階
HP	https://store.tsite.jp/ginza/

Point

コレクターが喜ぶ愛にあふれた一品

文房具を愛するお客さんの「文房具をおしゃれに収納したい」というニーズに合わせて作られた、オリジナルの文房具入れ。マニアの愛を受け入れて、ともに歩く姿勢が垣間見られました。

ダークな雰囲気のある書斎で
フォトジェニックな自撮りを

BAR十誠《ばーじっかい》

まるでカクテルを食べているような、自家製のラムレーズン・アイスクリーム。
つくづく大人になってよかったと思う一品。

きもので行くと、映画のヒロインみたいな一枚が撮れます。

「ケンタウルス祭の夜に」という宮沢賢治にちなんだ きれいなブルーの紅茶です。キラキラした金粉がまるで夜空のよう。ラベンダーシロップを入れると、ピンクに変わります。なんとも幻想的な紅茶です。
星のかけらをイメージした石（蓄光石）付き。
動画を撮る人も多いそうですよ。

「十誠」。よく見ると、ごんべんなのです。よくある十戒は仏教の言葉で、修行の際に守るべき十の戒めを指すのですが、このお店の場合はキリスト教の教え、モーゼの啓示のほう。

「好事家の書斎」をコンセプトにしたこちらのお店、たくさんの本に囲まれ文学好きにはたまらないです。午後にはコーヒーや紅茶などを、夜はお酒を楽しみながら、ゆっくり過ごすことができます。店内は撮影OKなので、きもの姿で行けば、フォトジェニックな写真が撮れます。本棚の前でもカウンターでも、どこでも絵になり、まるで映画のワンシーンのよう！（他のお客さんの邪魔にならないよう、ご注意を）

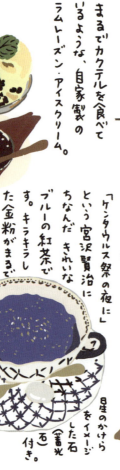

文豪にちなんだメニューが豊富です。中でも「ケンタウルス祭の夜に」という紅茶は、紺色に金銀（金箔）が浮かんで、まるで輝く星空がティーカップに収まったみたい。文学の世界に浸りながら喉を潤せるとは！

スプーンの横に小さな白い石のようなものが置いてありました。星のかけらをイメージした畜光石《ちっこうせき》だそうで、暗いところで光ります。持ち帰ることも可。これは今もわたしのお財布に入っていて、時おり眺めては宮沢賢治の世界を思い描いています。

お店の書架に並ぶ本は自由に閲覧可能。読書しながらお茶をしている一人客も多く、静かな空気が流れています。

太宰治の「桜桃」をイメージした大人のスパイシーチェリーコーク
梶井基次郎の「檸檬爆弾のソルベ」レモンピールがたっぷり入っています。
ルイス・キャロルの「アリスのミニチュアティーパーティ」は、カフェタイム限定。ドールサイズの食器が愛らしいメニューです。
Drink Me?
お酒が苦手な方はぜひモクテルを。
MOCKTAIL
見せかけの
ノンアルコールのカクテルです。

DATA

電話	03-6264-5775
営業時間	Little Afternoon Time 12:00〜15:00、Cafe Time15:00〜18:00、Bar Time18:00〜23:00(LO.23.00)、土・日曜・祝日はLittle Afternoon Timeなし
料金	「ケンタウル祭の夜に〜銀河鉄道の夜〜」1800円ほか
休み	月曜（祝日の場合は営業）
アクセス	東京メトロ銀座線ほか銀座駅より徒歩2分、東京メトロ日比谷線日比谷駅より徒歩5分
住所	中央区銀座5-1-8銀座MSビルB2階
HP	https://www.zikkai.com/

Point

用事があるときは鈴をひと振り

各テーブルにはかわいらしい呼び鈴が置かれています。鳴らすのに、初めはちょっと躊躇《ちゅうちょ》しましたが、この空間では、人の声よりも鈴の音のほうがふさわしいのだと気付きました。遠慮なくチリンと。

帯留めも羽織紐も
自慢の手作り！

貴和製作所
キラリトギンザ店

きわせいさくじょ　きらりとぎんざてん

ビーズを選ぶにも
色、形、大きさが
それぞれたくさん！
広い店内で
パーツを探します。
店員さんが
相談にのって
くれるのも嬉しい！

カフェでくつろぎながら
アクセサリーが作れるお店です。
ニッパーやヤットコ、
ビーズ用の小皿など
が無料で借りられ
ますよ。

オリジナルの帯留めやかんざしを作ることのできるお店が銀座にあります。広い店内にはビーズやチェーン、金具といったアクセサリーパーツがいろいろと格安なお値段で揃っています。

購入したパーツは自宅で作るのもよいのですが、併設カフェへ行ってみましょう。こちらではお茶やベーグル、パンケーキなどをいただきながら、アクセサリー製作ができるのです。必要な道具（ヤットコ、ペンチ、ビーズの皿）は、無料で貸してくれるというおまけ付き。ただし接着剤などはご自分で。接着剤はお店でも購入できます。カフェで製作中に買いに行けるので助かります。

帯留めやかんざしのパーツは1つ、2つではありません。下のイラストのように、いろいろな形があり、飾るものもスワロフスキー・クリスタルやビーズなど実に豊富！　今、作りたいものは何か、しっかりプランを立てることが大事です。スタッフさんに相談するのもOKです。アドバイスしてくれますよ。ちなみにスタッフさんたちはそれぞれ、自作のアクセサリーを付けています。

　驚いたのは「そういうタイプのブレスレットを作るなら、ビーズが少し余りますよ」と予言され、その通りになったこと。さすがです。さて、次は残ったビーズで何を作ろうかな。指輪かな、イヤリングかな。

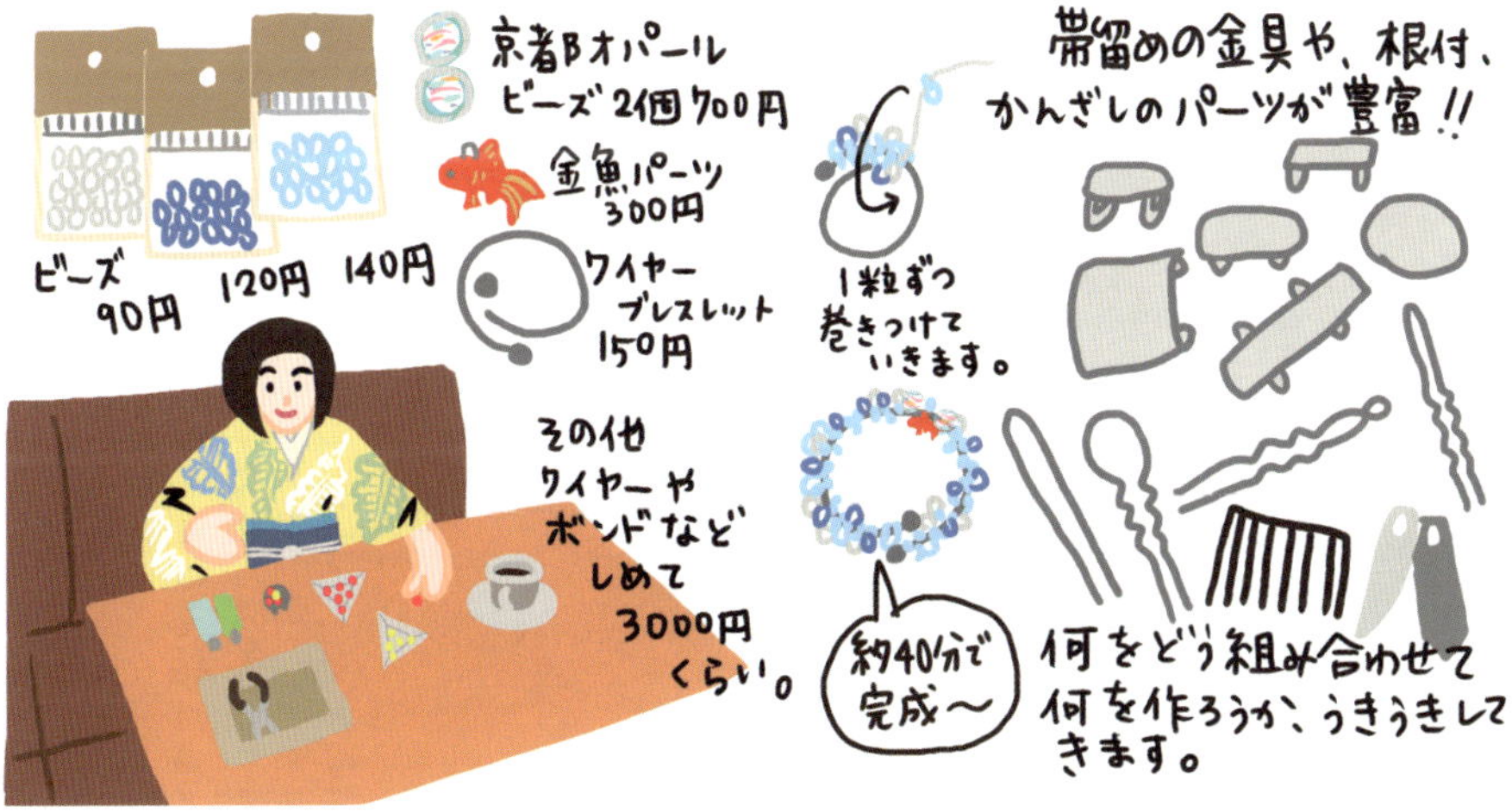

DATA

電話	03-6264-4811
営業時間	店舗11:00～20:30、カフェ～19:30(LO.19:00)
料金	「シカちゃんパンケーキ&ドリンクセット」1296円、「フルーツカクテルソーダ」756円ほか
休み	キラリトギンザに準じる
アクセス	東京メトロ有楽町線銀座一丁目駅より徒歩1分、東京メトロ銀座線京橋駅より徒歩2分
住所	中央区銀座1-8-19キトラギンザ5階
HP	https://www.kiwaseisakujo.jp/shop/pages/store_ginza.aspx

Point

出来上がったら写真を撮ろう！

店内には完成した作品を撮影するための専用スペースが用意されています。貝殻や葉っぱ、花といった小道具もあります。わたしはお店のキャラクターの鹿さんにブレスレットを持ってもらいました。

昭和初期の面影を残す建物で
リッチな西洋菓子を

銀座メゾン アンリ・シャルパンティエ

クレープ・シュゼットが
有名ですが、華やか
なケーキもいいですね！
もう１個追加したく
なります……。

GINZA Maison
歴史ある建物の荘厳な入り口を抜けると、
令嬢気分が味わえる空間がひろがっています。

元は昭和５（１９３０）年竣工のオフィスビルで、石造りの重厚感あふれる外観は当時の雰囲気を残しているそう。洗練されたスタイリッシュなサロンスペースに入ると、おいしい匂いが漂ってきます。人気は「クレープ・シュゼット」。薄く焼き上げたクレープをバターとオレンジ果汁、リキュールでフランベ！　帰るときぜひ化粧室を利用してください。隠し扉がとってもすてきですよ。

DATA

電話	0120-917-215
営業時間	11:00～20:00、サロン・ド・テはLO.19:30
料金	「クレープ・シュゼット（ドリンク付）」2700円ほか
休み	なし
アクセス	東京メトロ有楽町線銀座一丁目駅より徒歩1分、東京メトロ銀座線ほか銀座駅より徒歩3分
住所	中央区銀座2-8-20ヨネイビル1階
HP	http://www.henri-charpentier.com/

きものとモダンレトロな雰囲気は相性抜群

三菱一号館美術館《みつびしいちごうかんびじゅつかん》

心おだやかになれる色づかいの作品…
こちらの美術館の所蔵なので、見られる確率高いかも。
↑ソーサーが扇子!!
美術館らしく、彩りにこだわったというメニュー。

なんといってもルドンの「秘密の花園」です!
グラン・ブーケにぜひうっとりしてください。

併設のカフェはクラシックな→
雰囲気なので、きものが似合う!

明治時代に建てられた洋風事務所を復元した赤レンガ造りで、カフェの照明は当時のガス灯を再現するなど、細部にこだわっています。

展覧会のときに、記念写真が撮れるフォトスポットを用意してくれます。また、以前「ルドン展」で、「うどん県と響きが似ているから香川県民は無料招待」と知って、ますますこの美術館が好きになりました。企画力とユーモアがある、そんな美術館です。

DATA

電話	03-5777-8600(ハローダイヤル)
営業時間	10:00〜18:00、祝日・振替休日除く金曜、第2水曜、展覧会会期中の最終週平日〜21:00(入館は閉館30分前まで)/Cafe1894は11:00〜23:00(LO.22:00)
料金	展覧会により異なる
休み	月曜(祝日・振替休日・展覧会会期中最終週の場合は開館)、年末、元日、展示替え期間
アクセス	JR東京駅より徒歩5分、東京メトロ千代田線二重橋前〈丸の内〉駅より徒歩3分
住所	千代田区丸の内2-6-2
HP	https://mimt.jp/

part 1

銀座・丸の内

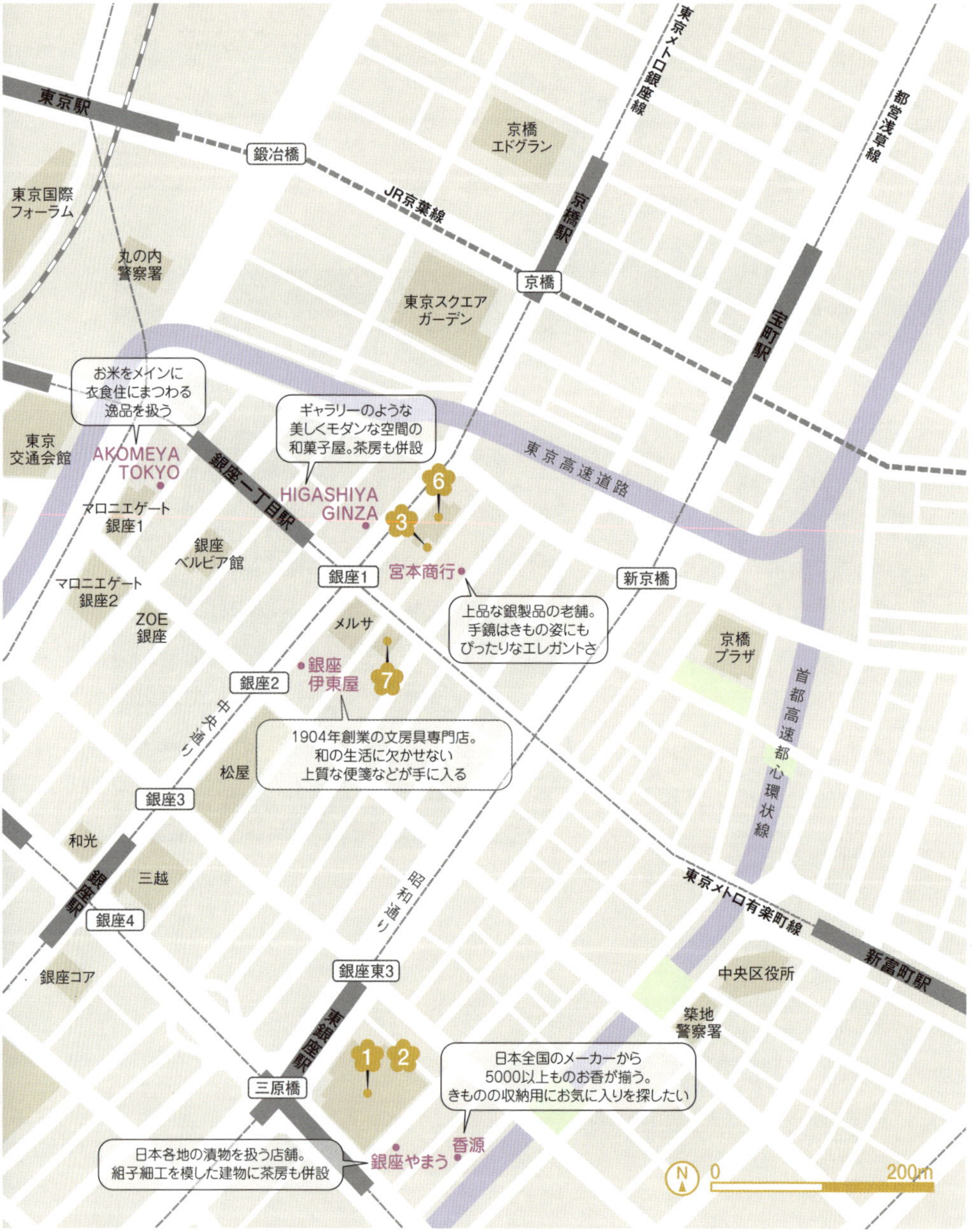
東京駅
鍛冶橋
JR京葉線
東京メトロ銀座線
都営浅草線
京橋エドグラン
京橋駅
京橋
宝町駅
東京国際フォーラム
丸の内警察署
東京スクエアガーデン
東京高速道路
お米をメインに衣食住にまつわる逸品を扱う
AKOMEYA TOKYO
東京交通会館
銀座一丁目駅
ギャラリーのような美しくモダンな空間の和菓子屋。茶房も併設
HIGASHIYA GINZA
6
3
マロニエゲート銀座1
銀座ベルビア館
銀座1
宮本商行
新京橋
上品な銀製品の老舗。手鏡はきもの姿にもぴったりなエレガントさ
マロニエゲート銀座2
ZOE銀座
メルサ
京橋プラザ
銀座2
銀座伊東屋
7
中央通り
首都高速都心環状線
1904年創業の文房具専門店。和の生活に欠かせない上質な便箋などが手に入る
松屋
銀座3
和光
三越
昭和通り
東京メトロ有楽町線
銀座駅
銀座4
新富町駅
銀座コア
銀座東3
中央区役所
東銀座駅
築地警察署
1
2
日本全国のメーカーから5000以上ものお香が揃う。きものの収納用にお気に入りを探したい
三原橋
香源
日本各地の漬物を扱う店舗。組子細工を模した建物に茶房も併設
銀座やまう
N
0
200m

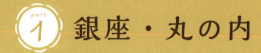

1 歌舞伎座

p.14

2 寿月堂 銀座 歌舞伎座店

p.16

3 文庫屋「大関」銀座店

p.17

4 銀座 蔦屋書店

p.18

5 BAR十誠

p.20

6 貴和製作所 キラリトギンザ店

p.22

7 銀座メゾン
アンリ・シャルパンティエ

p.24

8 三菱一号館美術館

p.25

Column

きもので行って得しよう♪

壱

ユメキチ神田《ゆめきちかんだ》

女将さん・板前さんスタッフ全員きもの姿ワインバー

アンティークのきもの店を経営する女性オーナーの「きもの姿が見たい」との思いからオープン。女将（右）とスタッフだけでなく、調理場担当の男性もきもの姿です。こだわりのワインと料理を楽しめます。

これがお通し。旬に合わせてメニューは週単位で変わります。クリームチーズと生ハムが入った手作りシューが人気です。

絶妙な火加減で焼いた米沢牛のステーキは、おろしたホースラディッシュの醤油漬けと、柚子胡椒を添えて熱々を。

ここがお得！

サービス料
10％が割引に

きもの姿で来店された方は、サービス料10％が割引に。特典を利用したいなら、「和洋MIX」コーデの場合、なるべく和＝きもの寄りのコーデにしたほうがよいでしょう。

3階にはプライベートカウンターとして貸し切りにできるスペースがあり、きもの女子で集まったら盛り上がりそう。

2階には仲間同士で盛り上がれるボックス席が。アンティークのきものや、帯から作ったレトロでかわいいパネルがたくさん飾られています。

自慢のワインは自然派のものばかり。彩りが華やかで食感が楽しい、豚の頬、耳、タンを使ったテリーヌ「コッパロマーナ」と一緒に。

DATA map ▸ p.45

電話 03-3252-7118 営業時間 17:00 〜 24:00（LO.） 料金 グラスワイン 1000 円〜、おつまみ 600 円〜、フード 1000 円〜ほか 休み 日曜、祝日 アクセス JR・東京メトロ銀座線神田駅より徒歩3分、東京メトロ丸ノ内線淡路町駅・都営地下鉄新宿線小川町駅より徒歩4分 住所 千代田区神田多町2-1 HP http://kanda.yumekichi.jp/

part 2

日本橋・人形町

たくさんのビルが建ち並ぶ日本橋界隈。戦火を逃れた古い建物も多く残り、老舗が風格たっぷりに営業しています。日本橋には伝統の街というなイメージもありますが、江戸っ子気質を持った職人も多いので、「和洋MIXさん」もマッチすると思います。

日本橋・人形町散歩

ピックアップきものコーデ

きちんとさん

照明が少し暗めの場所なら、淡い色のきものが場になじむ

ちょっとおめかししたいなら、バッグは小さめをチョイス

袋帯は、二重太鼓でも変わり結びでもなんでもOK

伝統芸能を堪能するなら付下げや訪問着もあり

きちんと感マックスなのは、やはり訪問着などのフォーマル。観劇なら、色無地や小紋に袋帯を合わせて、ゴージャスな雰囲気にするのもおすすめです。

カジュアルさん

お太鼓の大きさに決まりはなし。小ぶりでも大きめでもお好みで

帯締めの色は白だけでなく、オフホワイトやクールグレーでも◎

白衿・白足袋でも、紬のきものに織の帯ならカジュアルっぽく

白い帯締めは困ったときの救世主

コーディネートをシンプルにまとめたいなら、帯揚げをきものの地色と似た色にしてなじませ、帯締めを白に。帯締めは金銀の入っていない白色のもので。

和洋MIXさん

イヤリングと口紅を色で揃えてみるのもコーデテクのひとつ

足元は草履でも下駄でもブーツでも地下足袋でも、なんでもあり

暖色メインのコーディネートは、秋冬になったらぜひ試して！

寒さ対策にもなるハイネックの長袖

ハイネックの長袖を襦袢《じゅばん》代わりに着ると、衿元と袖口の防寒対策になります。袖口がレースになっているものは、ちらっと見えたときにすてきです。

わたしの平成NO.1
フルーツサンドイッチ

千疋屋総本店
日本橋本店
フルーツパーラー

せんびきやそうほんてん　にほんばしほんてん　ふるーつぱーらー

広くて開放感のある店内なので、きものでも窮屈に感じません。

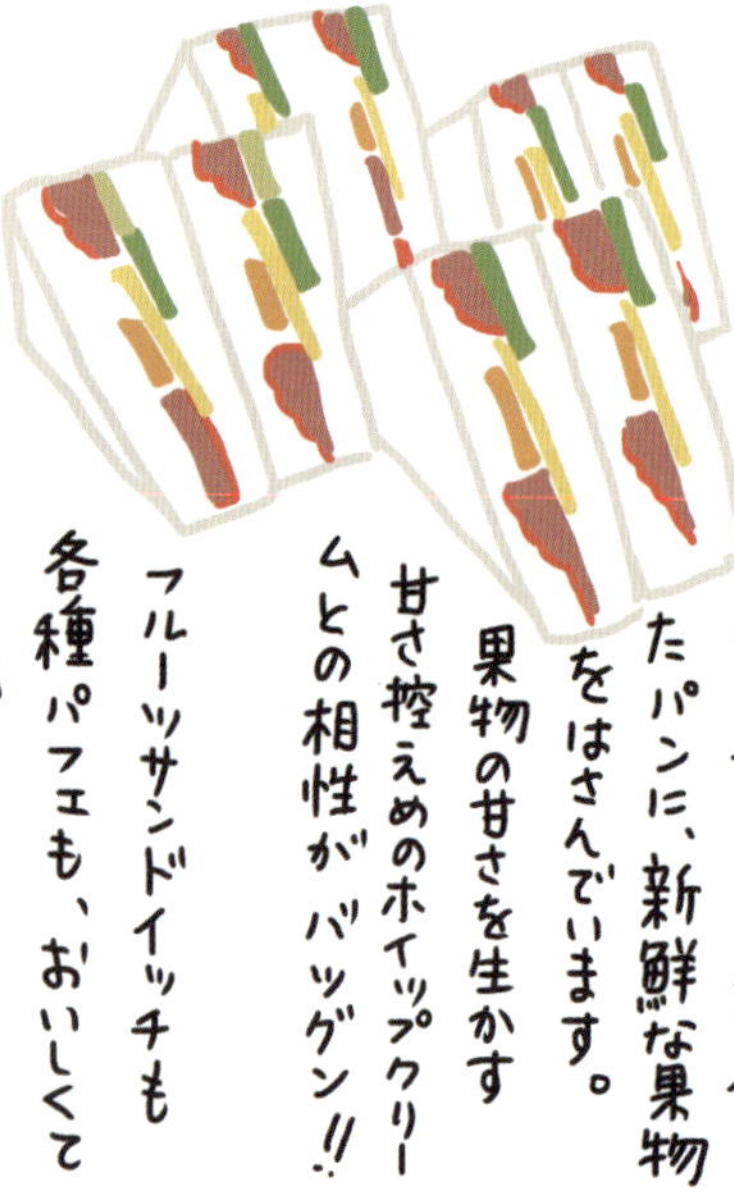

フルーツサンドイッチに合ったパンに、新鮮な果物をはさんでいます。果物の甘さを生かす甘さ控えめのホイップクリームとの相性がバツグン!!

フルーツサンドイッチも各種パフェも、おいしくて元気が出ます!

きもの散歩のときの休憩場所探しって難しいもの。でもここは老舗ならではのホスピタリティで、安心して過ごすことができます。

フルーツパーラーではパフェ一択だったわたしに「フルーツサンドイッチのおいしさを知らないなんて絶対に損だ」と言い切った人がいて、半ば無理やり案内されたのが千疋屋総本店でした。あれ以来、すっかりわたしを元気にする食べ物になっています。

「平成時代に一番おいしいと驚いたものは何か」という話で、「今はもう幻になったレバ刺し」なんて答えが出る中、わたしは迷わず千疋屋総本店のフルーツサンドイッチと答えました。わたしの平成一、です。

フルーツ専門店のフルーツサンドイッチには、たくさんの秘密がありました。入っているフルーツは4種。いちご、パイナップル、パパイヤ、キウイ。わたしがマンゴーと思っていたものは、パパイヤだったんですね。サンドイッチに水分は大敵なので、果汁が出にくい果物を使用しています。パンは果物との相性がいい、しっとりとしたものを選んでいるそうです。ホイップクリームは砂糖を控え目にしているのもポイント。イートインは三角、テイクアウトは四角と、カットも違うんですって。ちなみにカウンター席に座ると、果物をカットしているところが見られておもしろいですよ。

DATA

電話	03-3241-1630
営業時間	11:00〜21:00(LO.20:30)
料金	「フルーツサンドイッチ(イートイン)」1458円、「千疋屋(スペシャルパフェ」2310円ほか
休み	不定休
アクセス	東京メトロ銀座線ほか三越前駅より徒歩1分
住所	中央区日本橋室町2-1-2日本橋三井タワー2階
HP	https://www.sembikiya.co.jp/

Point

カットの仕方が変わる!

キウイの切り方が一番おもしろかったです。サンドイッチのときは薄くカットするため、まずは縦に細く薄く皮をむく。パフェ・サンドイッチともに、デザートに合わせたカットをしているのです。

能などの伝統芸能を手の届くような距離で鑑賞

水戯庵

すいぎあん

舞台奥の「老松」は、江戸時代に狩野派が描いたという「本物」だけあって風格があります。

1年365日、毎日伝統芸能のステージが上演されています。

能、狂言、日本舞踊や雅楽など。これほど近くで装束を見られるとは！きものの勉強になります。

舞台のすぐ前の席は→少し見上げる感じで鑑賞できます。

きもので劇場へ行くことにハードルの高さを感じていたら、ここから始めてみてはどうでしょうか。きもの観劇デビューにぴったりです。

水戯庵は、日本最古の芸能である「能楽」を筆頭に、日本の伝統芸能を目の前で鑑賞できるだけでなく、日本橋界隈の老舗・名店のお料理や、日本酒、お茶などを味わうことができる、劇場型レストラン＆ラウンジ。

一年３６５日、常に伝統芸能のステージを上演、公演内容は毎日変わります。能や狂言の他に、日本舞踊、神楽、雅楽、文楽、琉球舞踊などが用意されています。その日に何が見られるかはＨＰからチェックしましょう。

特に、能や狂言を見たことがない方、どこか堅苦しいもの、なんとなく難しいものと思い込んでいる方にこそおすすめ。物語のあらすじや鑑賞のポイントを解説してくれた後に、その演目の一番の見せ場を短くまとめて見せてくれるんです。ここでおもしろさに気付く方も多いのだとか。

上演中は撮影禁止ですが、終演後には演者と記念撮影やお話もでき、満足感でいっぱいになりますよ。

迫力満点の鏡板《かがみいた》（松の絵が描かれている板）は、江戸時代の狩野派が描いたといわれているものだそうです。このような歴史あるものを近距離で見ることができます。

器ひとつひとつも全てが「本物」！
漆のしっとりてのひらになじむ感じがいい〜！
ほんのり漂うお香……

入り口付近には明治〜大正時代の能版画家・月岡耕漁《こうぎょ》の浮世絵が飾られています。

DATA

電話	03-3527-9378
営業時間	11：00〜23：30(LO.23：00) ※曜日により営業時間が異なる
料金	「お席料」5000円〜（ワンオーダー制）
アクセス	東京メトロ銀座線ほか三越前駅より徒歩1分
住所	中央区日本橋室町2-5-10　B1階
HP	https://suigian.jp/

Point

神聖な舞台には白足袋が必須

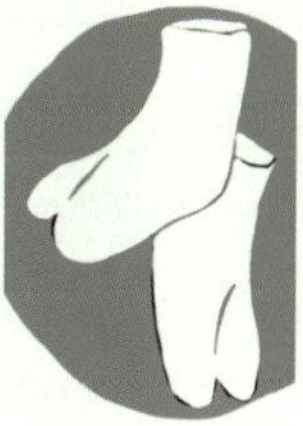

このお店で大事なのは能舞台。舞台に上がる人は、たとえ掃除をする場合でも、きちんと白足袋を履くそうです。目の前にあるとはいえ、お客さんは舞台には上がれないので注意してくださいね。

出来立ての和菓子で味わう日本の四季

鶴屋吉信 TOKYO MISE

つるやよしのぶ　とうきょうみせ

目の前で
和菓子を
作ってくれます。
お抹茶と、
スモーキー
なお番茶
付き。

赤・青・緑・黄の4色を
混ぜてどんな色でも作り
出します。
竹ヘラなど製菓の道具
も、自分で作るんですって！

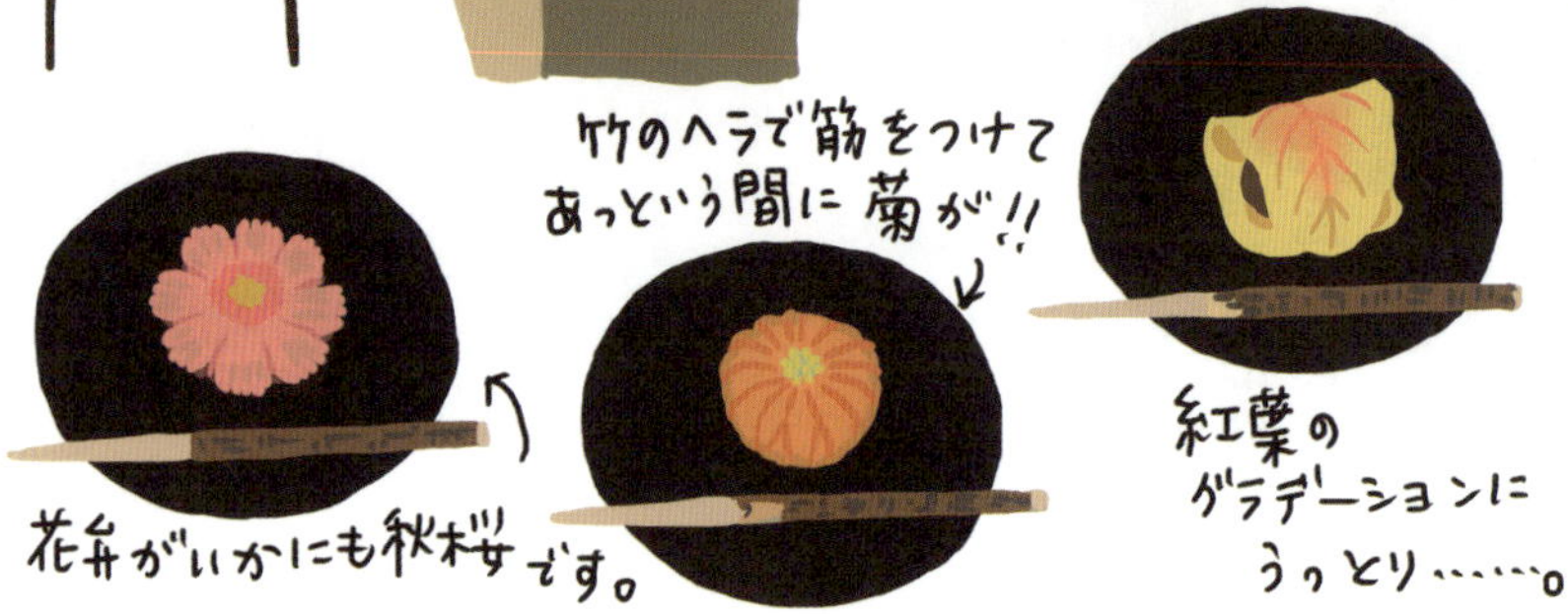

竹のヘラで筋をつけて
あっという間に菊が!!
花弁がいかにも秋桜です。
紅葉の
グラデーションに
うっとり……。

享和3（1803）年創業の老舗和菓子店で、本店は京都。日本橋の「東京店《みせ》」のカウンター席では、目の前で和菓子を作ってくれます。その手つきたるや、お見事。赤・青・緑・黄色の4色の「こなし」を混ぜ合わせて、指先やてのひら、竹のヘラなども巧みに使って、季節それぞれの色や形を生み出します。お菓子職人さんは和の装い。せっかくなので、きもので訪れましょう。

DATA

電話	03-3243-0551
営業時間	ショップ10:00～21:00、茶房・菓遊茶屋10:30～20:00(LO.19:30)
料金	「季節の生菓子とお抹茶」1404円ほか
休み	元日
アクセス	東京メトロ銀座線ほか三越前駅直結
住所	中央区日本橋室町1-5-5COREDO3室町1階
HP	https://www.tsuruyayoshinobu.jp/

きもの専用のブラシがある老舗

江戸屋《えどや》

享保3（1718）年創業の老舗刷毛《はけ》・ブラシ屋。ストロー用のブラシから、新幹線の先端部分を洗うブラシまで、3千種類扱っています。おすすめは和装専用のブラシ。外出先から戻ったときに、塵やほこりを払います。このひと手間が、生地の風合いを保ってくれるのだとか。持ち手のきれいな木目をうっとり見ていたら、「使ってこそ道具ですよ」と言われました。本当にそうです。

DATA

電話	03-3664-5671
営業時間	9：00～17：00
休み	土・日曜、祝日
アクセス	東京メトロ日比谷線小伝馬町駅より徒歩5分、JR新日本橋駅より徒歩10分
住所	中央区日本橋大伝馬町2-16
HP	https://www.nihonbashi-edoya.co.jp/

ここはまさしく
ショコラ好きの聖地！

ル・ショコラ・アラン・デュカス東京工房

る・しょこら・あらん・でゅかす　とうきょうこうぼう

ショコラ
クリームや
ココナッツアイス
クリームの入った
「ブンティ・
グラス」は
ライムの
グラニテ付き。

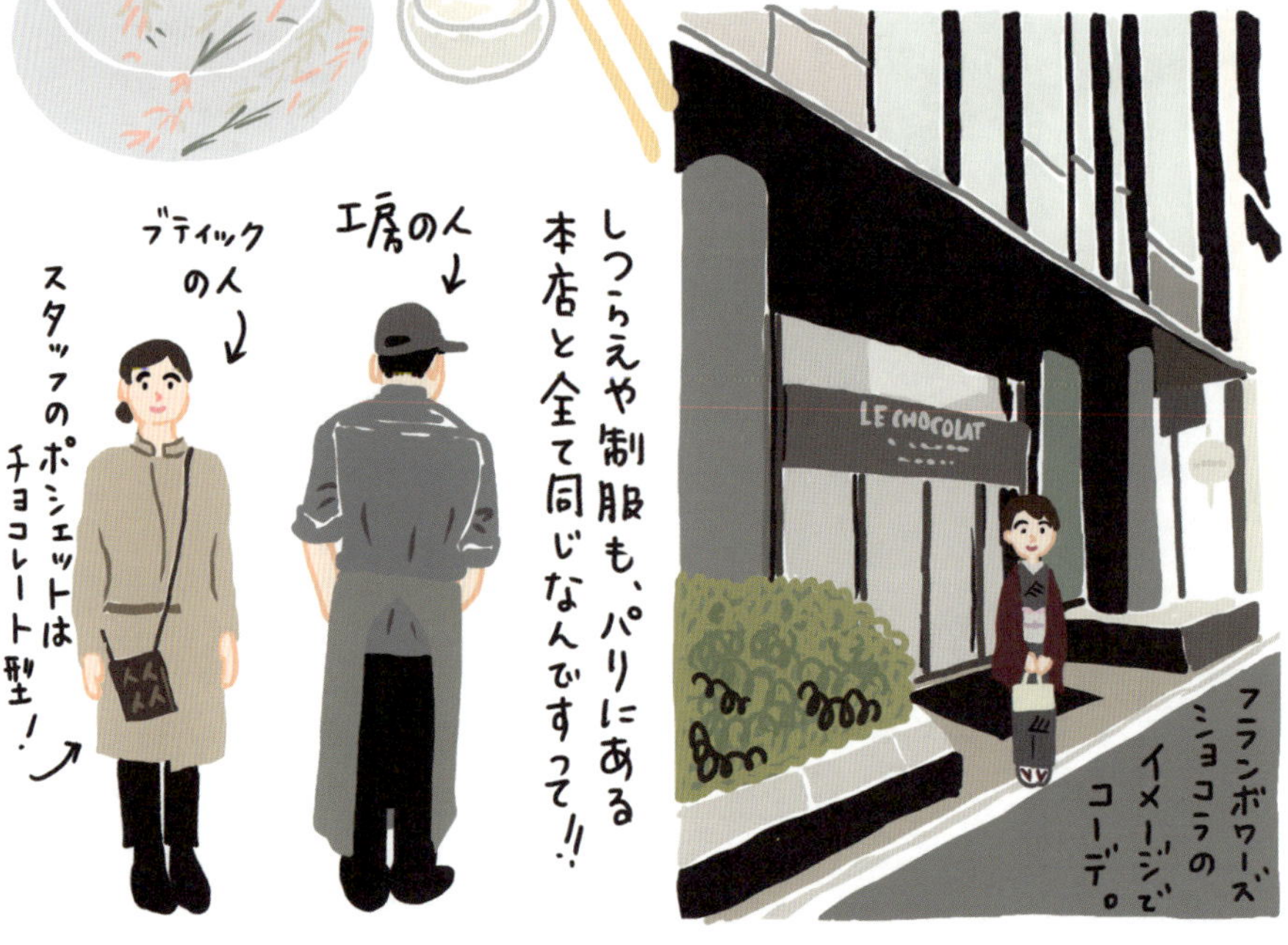
しつらえや制服も、パリにある本店と全て同じなんですって!!
工房の人
ブティックの人
スタッフのポシェットはチョコレート型！
LE CHOCOLAT
フランボワーズショコラのイメージでコーデ。

おしゃれして行きたいショコラ専門店として、おすすめです。日本橋の上品なブティックという雰囲気なので、きもの姿がぴたりとはまります。東京の真ん中に、こんなショコラの工房があるなんて。ショコラを味わえるサロンが2階にあるのですが、その下を10メートルのベルトコンベアーに乗ってガナッシュが移動している姿を見られるんです。お店1階には、持ち帰り用の販売エリアもあります。

パリで産地ごとにカカオ豆を焙煎・粉砕し、精製して練り上げて製造した重さ12・5キロの「クーベルチュール」を使用して、この東京工房でガナッシュやプラリネなどに仕上げています。

パリ本店と同じ真《しん》鍮《ちゅう》製ショーケース型の冷蔵庫には、いろいろな種類のたくさんのショコラが並んでいます。どれを選んだらいいか迷ったら、産地ごとの食べ比べができるセットもあります。ぜひスタッフに聞いてください。好みを聞き出してくれて、ぴったりのものをすすめてくれますよ。まるで、図書館で探している本を見つけ出してくれる司書さんみたい。ショコラもワインと同じで、産地や年によっても違うんだとか。

　夜8時までの営業なので、仕事帰りにふらっと立ち寄る方も多いそう。その辺で売っているチョコでは、物足りなくなってしまいました。

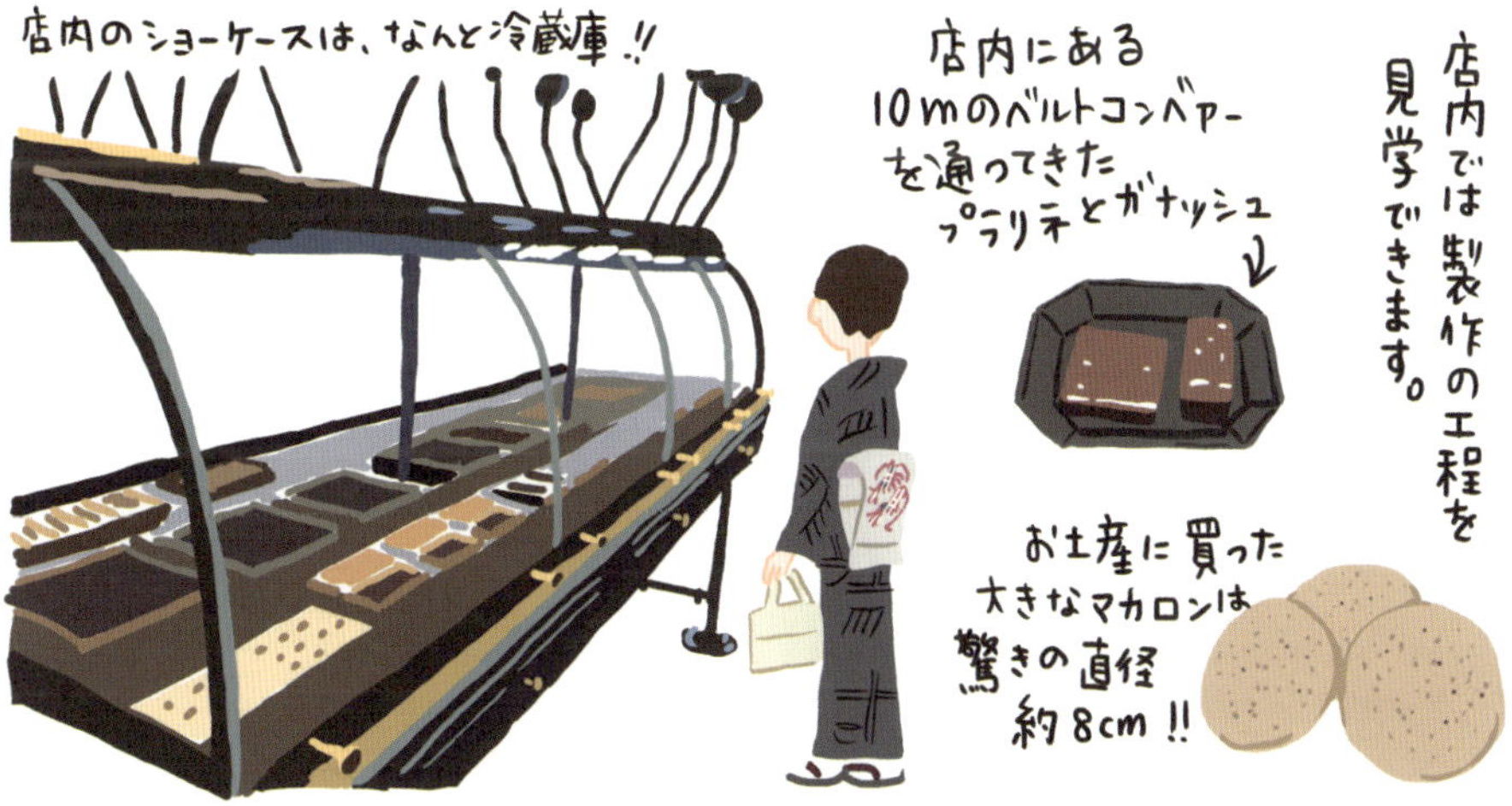
店内のショーケースは、なんと冷蔵庫!!
店内にある10mのベルトコンベアーを通ってきたプラリネとガナッシュ
店内では製作の工程を見学できます。
お土産に買った大きなマカロンは驚きの直径約8cm!!

DATA

電話	03-3516 3511
営業時間	11:00～20:00(LO.19:30)
料金	「ブンティ・グラス」1944円、「ムース・オ・ショコラ」1728円ほか
休み	不定休
アクセス	東京メトロ銀座線ほか三越前駅より徒歩2分、東京メトロ銀座線ほか日本橋駅より徒歩5分
住所	中央区日本橋本町1-1-1
HP	https://lechocolat-alainducasse.jp/

Point

衿元にきらりと光るショコラ

取材していて、スタッフの衿元におしゃれなピンブローチが付いていることに気が付きました。ショコラではないですか！売っているものかと思ったら、マネージャーの印なんですって。

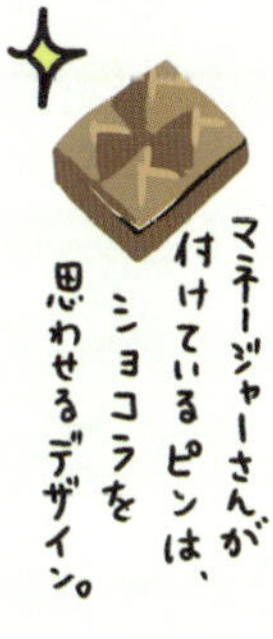
マネージャーさんが付けているピンは、ショコラを思わせるデザイン。

元呉服屋の木造建築で
味わう江戸料理

凡味

ぼんみ

凡味

木造の建物で本格的な江戸料理。
建物の雰囲気にきもの姿がよく合います。
江戸料理の懐石コースは前日までに予約を入れてくださいね。

江戸時代の作り方を再現した「太郎梅」と胡麻豆腐が看板です。
とろり
つるん
どちらも持ち帰りOK。

完全予約制の江戸料理のお店。池波正《いけなみしょう》太郎《たろう》の時代小説『鬼平犯科帳』のテレビシリーズで料理指導を担当された料理研究家の阿部《あべ》孤《こ》柳《りゅう》さんが指導して再現された、本物の江戸料理を味わえます。「太郎梅」はほどよく塩抜きした南高梅の梅干しを甘く煮たデザートで、白い生胡麻の皮をむいて作るなめらかな「胡麻豆腐」とともに人気商品です。太郎梅と胡麻豆腐の持ち帰りは予約が無難です。

DATA

電話	03-3669-4671
営業時間	11:00～22:00
料金	「江戸料理」7500円～(予約は2～10名。消費税・サービス料別途)、持ち帰りは「太郎梅」3個セット1620円～、「胡麻豆腐」3個セット1620円～ほか
休み	不定休
アクセス	東京メトロ日比谷線・都営地下鉄浅草線人形町駅より徒歩7分
住所	中央区日本橋人形町2-32-3
HP	―

きもの女子の味方の
月刊誌と下着をチェック

月刊アレコレ編集部

げっかんあれこれへんしゅうぶ

月刊アレコレのバックナンバーだけでなく、きものに関する本がたくさんあります。
きくちいまのイラストエッセイ連載中〜!

たかはしきもの工房の製品が揃っていて、しかも試着ができます。
かゆいところに手が届くグッズもたくさん!

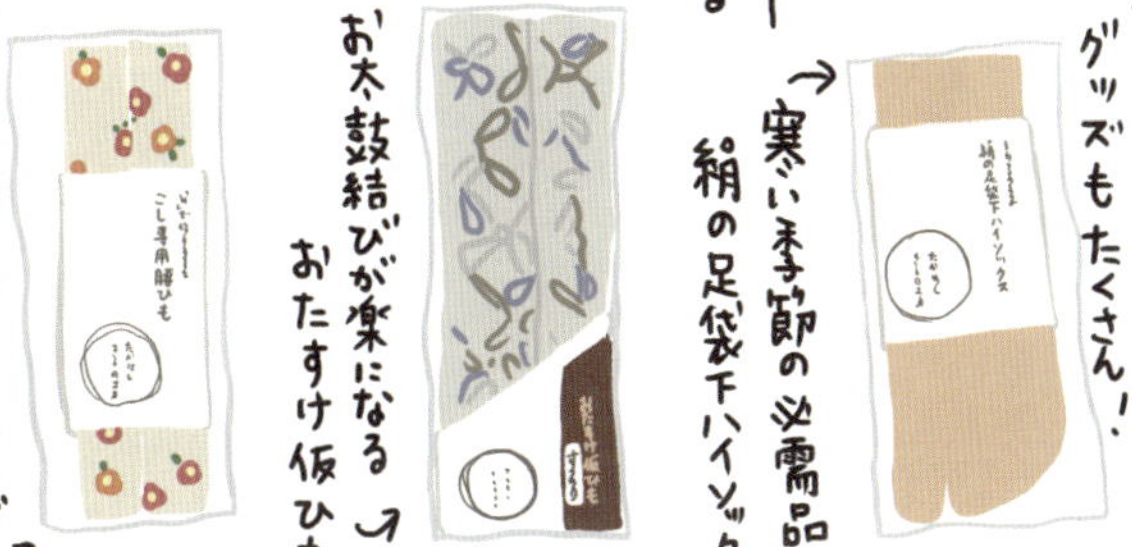
寒い季節の必需品! 絹の足袋下ハイソックス
お太鼓結びが楽になるおたすけ仮ひも
綿なので滑らず着付けがしやすい 腰専用の腰ひも

へそ下のお肉をなかったことにする「ガードル裾除け」や、正面から見たときに5キロ痩せて見える「和装ブラ」など、きものを着る女性に大助かりなグッズのメーカー「たかはしきもの工房」のインナーが、実際に試せます。

「袂《たもと》に知恵と工夫、自分サイズで楽しむきもの」のために、きものを着る編集者が作っている『月刊アレコレ』のオフィス兼スタジオです。バックナンバーも読めますよ。

DATA

メール	info@arecole.com 取材などで不在のこともあるので、事前連絡の上、お出かけください
アクセス	東京メトロ日比谷線・都営地下鉄浅草線人形町駅より徒歩1分
住所	中央区日本橋人形町1-4-6市川ビル1階
HP	http://www.arecole.com/

日本橋ビュー！
歴史を感じながら一杯

ROJI日本橋／缶つまBAR

（ニホンバシイチノイチノイチ）

ろじにほんばし／かんつまばー（にほんばしいちのいちのいち）

店内には缶つまがたくさん！
K&K 缶つま Kantsuma
日本橋を味わう路地
ROJI
KOKUBU
元々路地で何も無かったところにお店を作ったのでROJIと名づけたんですって！

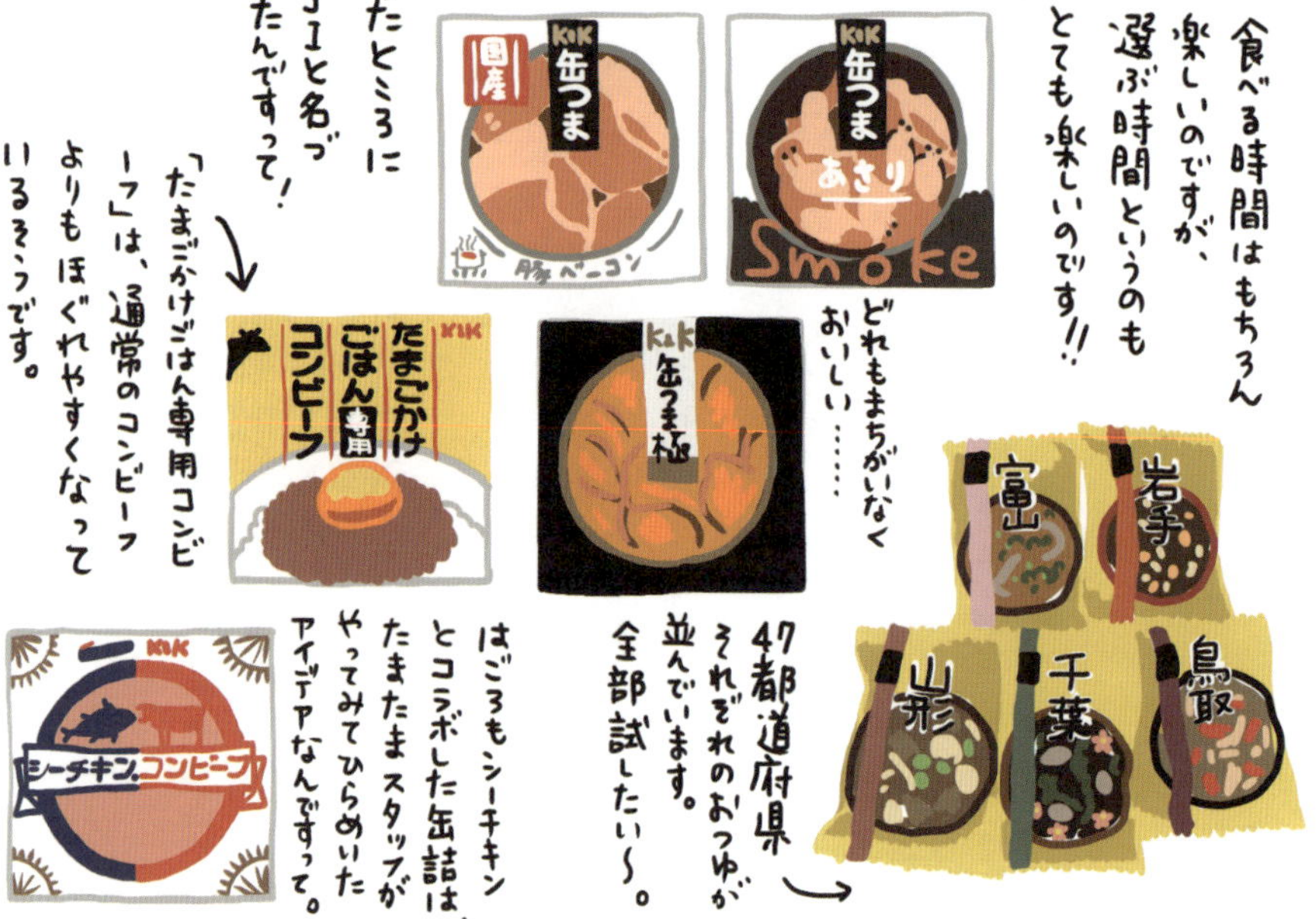
食べる時間はもちろん楽しいのですが、選ぶ時間というのもとても楽しいのです!!
K&K 国産 缶つま 豚ベーコン
K&K 缶つま あさり Smoke
「たまごかけごはん専用コンビーフ」は、通常のコンビーフよりもほぐれやすくなっているそうです。
K&K たまごかけごはん専用コンビーフ
K&K 缶つま極
どれもまちがいなくおいしい……
富山
岩手
山形
千葉
鳥取
47都道府県それぞれのおつゆが並んでいます。全部試したい〜。
はごろもシーチキンとコラボした缶詰は、たまたまスタッフがやってみてひらめいたアイデアなんですって。
K&K
シーチキン。コンビーフ

「缶つま」とは、缶詰のおつまみの略。それが商品名になっています。うまいネーミングだなぁと思って常々スーパーなどで見ていたのですが、製造元の国分のアンテナショップ「ROJI日本橋」が日本橋にあると知り、行って参りました。

お店の方に聞いたところ、シーチキンとコンビーフを合体させた、はごろもとのコラボ「シーチキンコンビーフ」が人気なのだそう。「広島県産かき燻製油漬け」「鮭ハラス」「厚切りベーコンのハニーマスタード味」などの缶つま、他に「びんつま」まであって、どれもこれもおいしそう。種類によってはアソートして詰め合わせることができます。

隣接の「缶つまBAR（ニホンバシイチノイチノイチ内）」のテラスには、歴史ある日本橋絶景ビューが開け、橋の上よりも撮影映えしますよ。もちろんきものなら、さらに！

こちらでは缶つまアレンジメニューを堪能できます。例えば「すだち香る和風オイルサーディン」は「缶つまプレミアム日本近海どりオイルサーディン」を使い、玉ねぎと青ネギを乗せて、一味唐辛子を振り、すだちとクラッカーを添えたもの。ちょっとの手間でもっとおいしくなり、家でもできそうな感じでさすがです。

店内には缶つまコーナーもあります。その場で購入し、そのままパッカンと開けて食べることができますよ。

日本橋を眺めながらくつろげるテラス席もありますよ！
ここなら日本橋とのツーショットも映えること間違いなし！

お隣の「缶つまBAR」では缶つまのアレンジメニューを楽しめます。

DATA

電話	ROJI日本橋03-3276-4162／缶つまBAR03-3516-3111
営業時間	ROJI日本橋11：00～18：30、土日曜・祝日～18：00／缶つまBAR17：00～23：30、土日曜・祝日～22：30（LO.フードは90分前、ドリンクは30分前まで）
休み	不定休
アクセス	東京メトロ銀座線ほか三越前駅より徒歩2分、東京メトロ銀座線ほか日本橋駅より徒歩2分
住所	中央区日本橋1-1-1
HP	https://www.roji-nhb.jp/ http://www.nihonbashi111.jp/

Point

日本橋ビューの特等席です

大きなちょうちんがお店の目印。「日本橋１の１の１だなんて、いかにもど真ん中だな」と思ったら、テラス席からまさに日本橋が見えるんです。川のすぐそばなので、京都の川床みたいな気分です。

part

2 日本橋・人形町

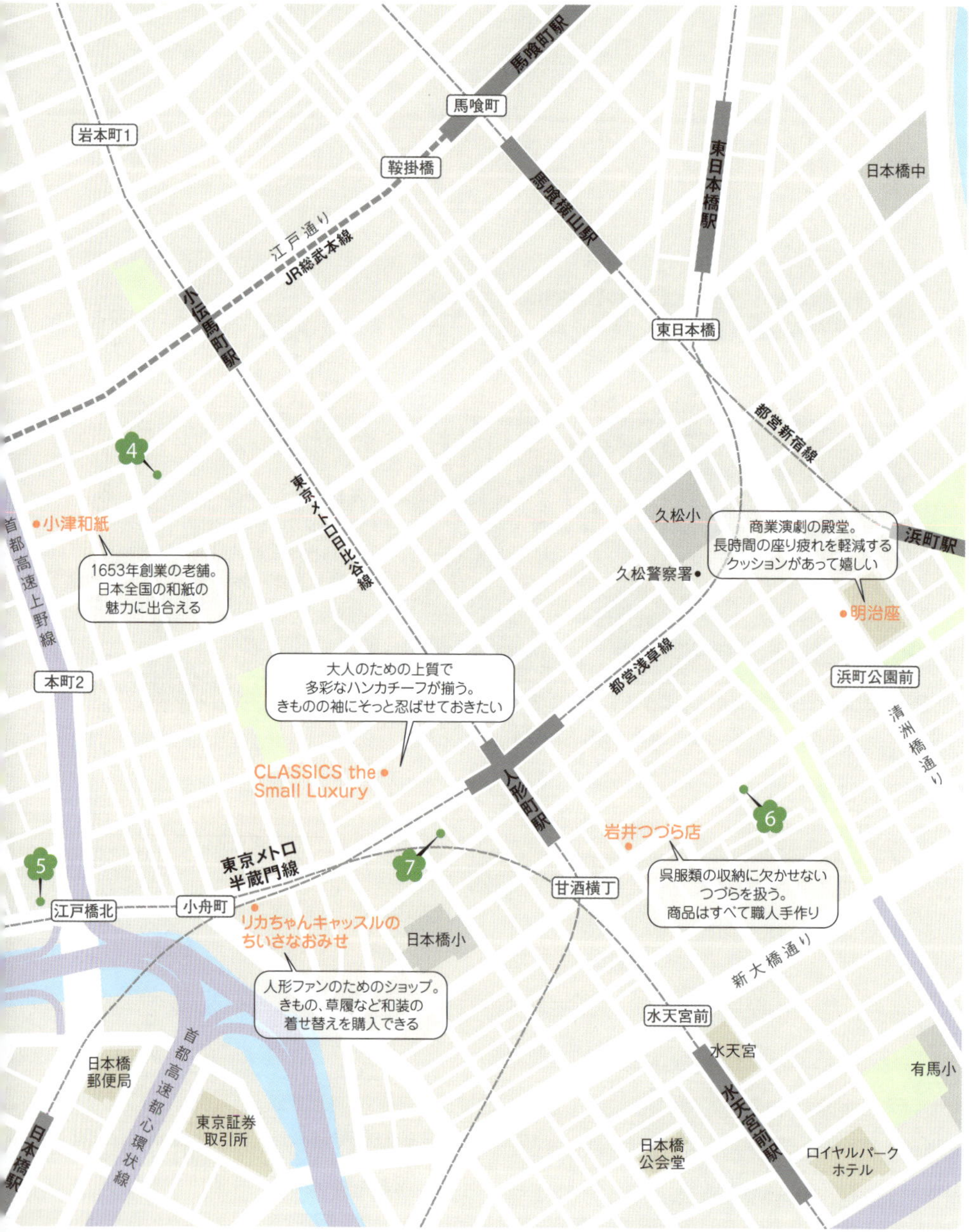

1 千疋屋総本店
日本橋本店　フルーツパーラー

▸ p.32

2 水戯庵

▸ p.34

3 鶴屋吉信 TOKYO MISE

▸ p.36

4 江戸屋

▸ p.37

5 ル・ショコラ・
アラン・デュカス
東京工房

▸ p.38

6 凡味

▸ p.40

7 月刊アレコレ編集部

▸ p.41

8 ROJI日本橋／
缶つまBAR
（ニホンバシイチノイチノイチ）

▸ p.42

✿ ユメキチ神田

▸ p.28　Column「きもので行って得しよう♪」

Column

きもので行って得しよう♪

弐

山種美術館《やまたねびじゅつかん》

きもの姿の美人画を多く収蔵 オリジナル和菓子もおすすめ

わたしの大好きな上村松園の美人画「庭の雪」を収蔵。近現代の日本画を多く所蔵・展示しているので、きものを描いた美術に触れられる確率の高い美術館です。

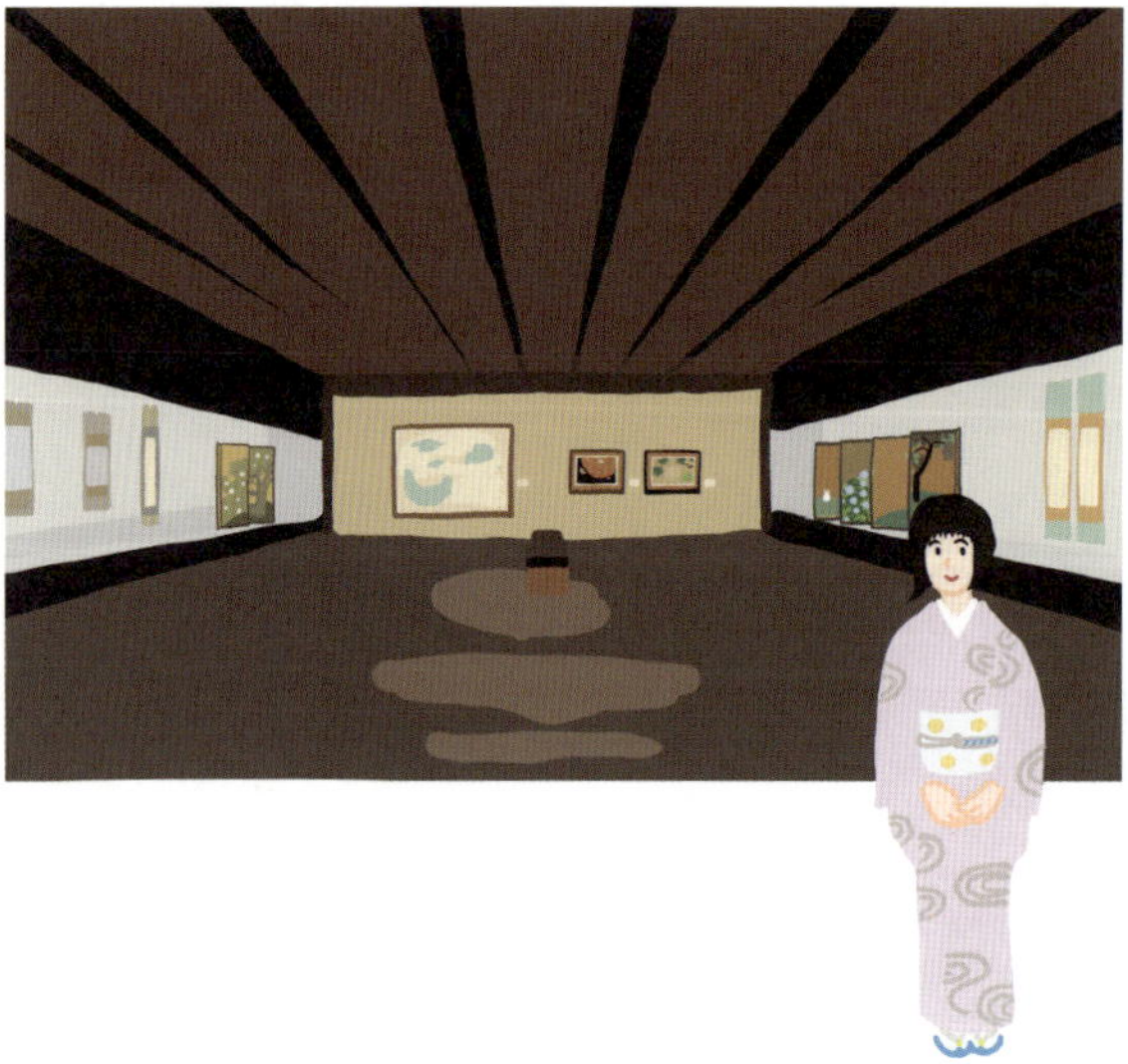

昭和41(1966)年に開館した、日本初の日本画専門の美術館。速水御舟《はやみぎょしゅう》、川合玉堂《かわいぎょくどう》、奥村土《おくむらと》牛《ぎゅう》、上村松園《うえむらしょうえん》らたくさんの日本画が、広く静かな館内で観られます。

ここがお得！

入館料が割引に

会期中、きものやゆかたで来館すれば、団体割引と同じ金額で入館できるのでお得。また、使用済み入場券を見せると、団体割引料金になるリピーター割引もあります。(ただし1枚につき1回のみ有効)

ミュージアムショップにはポストカードやクリアファイル、懐紙やレターセットなどが充実。和の装いにぴったり。

展覧会の出品作品にちなんで老舗の和菓子屋が作った、オリジナル和菓子が堪能できます。日本画と和菓子、比べて味わうのもまた一興。

DATA

電話 03-5777-8600（ハローダイヤル） 営業時間 10：00 ～ 17：00（入館は閉館 30 分前まで）※特別展の開館時間は変更の場合もあり 料金 通常展：一般 1000 円ほか ※特別展は展覧会により異なる 休み 月曜（祝日の場合は翌火曜）、展示替え期間、年末年始 アクセス JR・東京メトロ日比谷線恵比寿駅より徒歩 10 分 住所 渋谷区広尾 3-12-36 HP http://www.yamatane-museum.jp/

part

3

青山・表参道

明治神宮の参道である表参道と青山一帯は、ケヤキ並木が有名なファッションの街。高級ブランド店や、有名美容院が多く立ち並びます。おしゃれに対する意識が高く、古典的なきもの姿も前衛的なファッションも、すべて受け入れてくれる場所です。

青山・表参道散歩

ピックアップ
きものコーデ

きちんとさん

無地や無地感の羽織は、ジャケット感覚で羽織ってOK

コーデが締まって見える、黒い髪、黒い帯、黒いバッグのリンク

大きい柄のきものでも、羽織を合わせたら落ち着いて見える

一枚羽織るだけで上級者感！なにかと便利な羽織

羽織は紅葉から桜までの時期といわれますが、紗羽織などの薄物は初夏から初秋まで着られます。建物内でも脱がなくていいので、帯結びに自信がないときもぜひ。

カジュアルさん

半衿は白ではなくグレーの無地。幅広めに出すのもポイント

バッグは洋服用でもじゅうぶん。変わった形のものもマッチします

ショートヘアでうなじを見せるのも、きものにとても合います

地味と派手をミックスさせて小物の色で決めるコーデ

無地感のきものに華やかな帯を組み合わせて、帯揚げ、鼻緒、バッグなどをポイントになる色（ここでは孔雀色）の小物でまとめるのもおしゃれ。

和洋MIXさん

半衿は、きものの柄と似ている色をセレクト

ヒールのある靴を組み合わせるのもあり

ブローチやシューズクリップを帯留めにしても

丈の短いきものもこうすれば楽しめる

丈の足りないきものはあえて短く着て、裾からスカートを見せるという着方が流行っています。きものの柄と同じ色のスカートならより自然な感じに。

名画「燕子花図屏風」から
きものコーデを学ぶ

根津美術館

ねづびじゅつかん

背中合わせに羊が合体した酒器。神様にお酒をお供えするのに用いられていたんですって。
重要文化財
「双羊尊」
中国・おそらく湖南省
紀元前13～11世紀
根津美術館蔵

正門からのアプローチ
竹がたくさん使われた、モダンな入り口。

焼きたてのミートパイは、さくさく&しっとりで大満足。
コーヒーカップには光琳の花が！さすがは根津美術館です。

東武鉄道の社長を務めた実業家で、茶人としても名高い根《ね》津《つ》嘉《か》一《いち》郎《ろう》が収集した、日本だけでなく東洋も含めた古美術品を中心に保存、展示しています。コレクションには、重要文化財の「双羊尊《そうようそん》」や、尾形光《おがたこう》琳《りん》筆の国宝「燕子花図屏風《かきつばたずびょうぶ》」などがあります。和装が似合う日本庭園には燕子花が植えられており、まるで絵から抜け出したよう。花の見ごろに合わせて、展示される屏風と楽しんでみてはいかが。

DATA

電話	03-3400-2536
営業時間	10:00～17:00（入館は閉館30分前まで）
料金	特別展一般1300円、企画展一般1100円ほか
休み	月曜（祝日の場合は翌火曜）、展示替え期間、年末年始
アクセス	東京メトロ銀座線ほか表参道駅より徒歩8分
住所	港区南青山6-5-1
HP	http://www.nezu-muse.or.jp/

きものに合わせるなら
伝統の紅を使いたい

紅ミュージアム《べにみゅーじあむ》

磁器の内側に紅が塗られた「小町紅《こまちべに》」は、紅筆を濡らして使います。深い玉虫色に輝く緑色がなぜ赤くなるのか…不思議……。

古来製法の「紅」を体験できるコーナーがあります。きものに合う紅を試せるスポットなんてそうそうありません。

「紅の歴史を学ぶコーナーも常設。歴史好きにはたまらない空間です。

コンパクトになって持ち運びがしやすい「紅板《べにいた》」。化粧ポーチに入れるならこれ。

現存する唯一の紅屋である伊勢半本店（文政8年創業。現存する日本最古の女性用総合化粧品メーカー）が、紅作りの技や文化を伝え、残すために設立した資料館。紅花から玉虫色の紅になるまでの製法や日本の化粧史に触れられる他、古来製法で作られた紅を体験できます。こちらの口紅は油分を使用していないのでべたつかず、色落ちもしにくい。上品な色合いで、きものにぴったりのです。

DATA

電話	03-5467-3735
営業時間	10:00～18:00（入館は閉館30分前まで）※企画展開催中は開館時間が変更する場合もあり
料金	常設展は入館無料、企画展は別途料金
休み	月曜（祝日の場合は翌日）、年末年始
アクセス	東京メトロ銀座線ほか表参道駅より徒歩12分
住所	港区南青山6-6-20 K's南青山ビル1階
HP	http://www.isehanhonten.co.jp/museum/

和洋MIXコーデの
強い味方

SOU・SOU KYOTO 青山店

そう・そうきょうと　あおやまみせ

くるぶし丈
普通丈
膝下丈
から選べます。
カラフルな「足袋下」がたくさん！これは迷います。
今日のコーデに追加して履きかえも!!

店内に和カフェスペースがあります。
SOU・SOUのかわいいお茶碗でいただけます。

日本の四季や風情をポップに表現している京都発のテキスタイルブランド「SOU・SOU」。伝統的な素材や技法を用いながらも、現代のライフスタイルに寄り添うもの作りを展開しています。地下足袋や足袋下、着付けをせずに着られる和服などを取り扱い、幅広い世代の男女に人気です。

最近は、カジュアルきものとカラフルな地下足袋を合わせるなど、コーディネートを自由に楽しむ方が増えています。店内に並ぶ地下足袋は色柄が豊富で選ぶのが楽しく、「いろはに……」と文字の足跡が付く「いろは底」という商品もおもしろい。底が擦り切れたら修理も可能。1000円で下取りもしてくれるそうですよ。

店内では喫茶コーナーがあり、釜にお湯を沸かしてお抹茶も出してくれます。スタッフの皆さんが茶道をたしなんでいるそう。お店ではSOU・SOU流に少し簡略化させているとのことです。お菓子は月替わりの限定もので、京都の和菓子屋・亀屋良長《かめやよしなが》謹製です。お菓子の下にはテキスタイルデザイナー脇阪克二《わきさかかつじ》さんデザインの絵ハガキが。汚れ防止に透明のフィルムが貼られています。もちろん、持ち帰りOK。お菓子とともにこの絵ハガキも月替わりだと聞くと、コンプリートしたくなっちゃいますね。SOU・SOUらしい、ポップな抹茶碗やコーヒーカップなども販売しています。

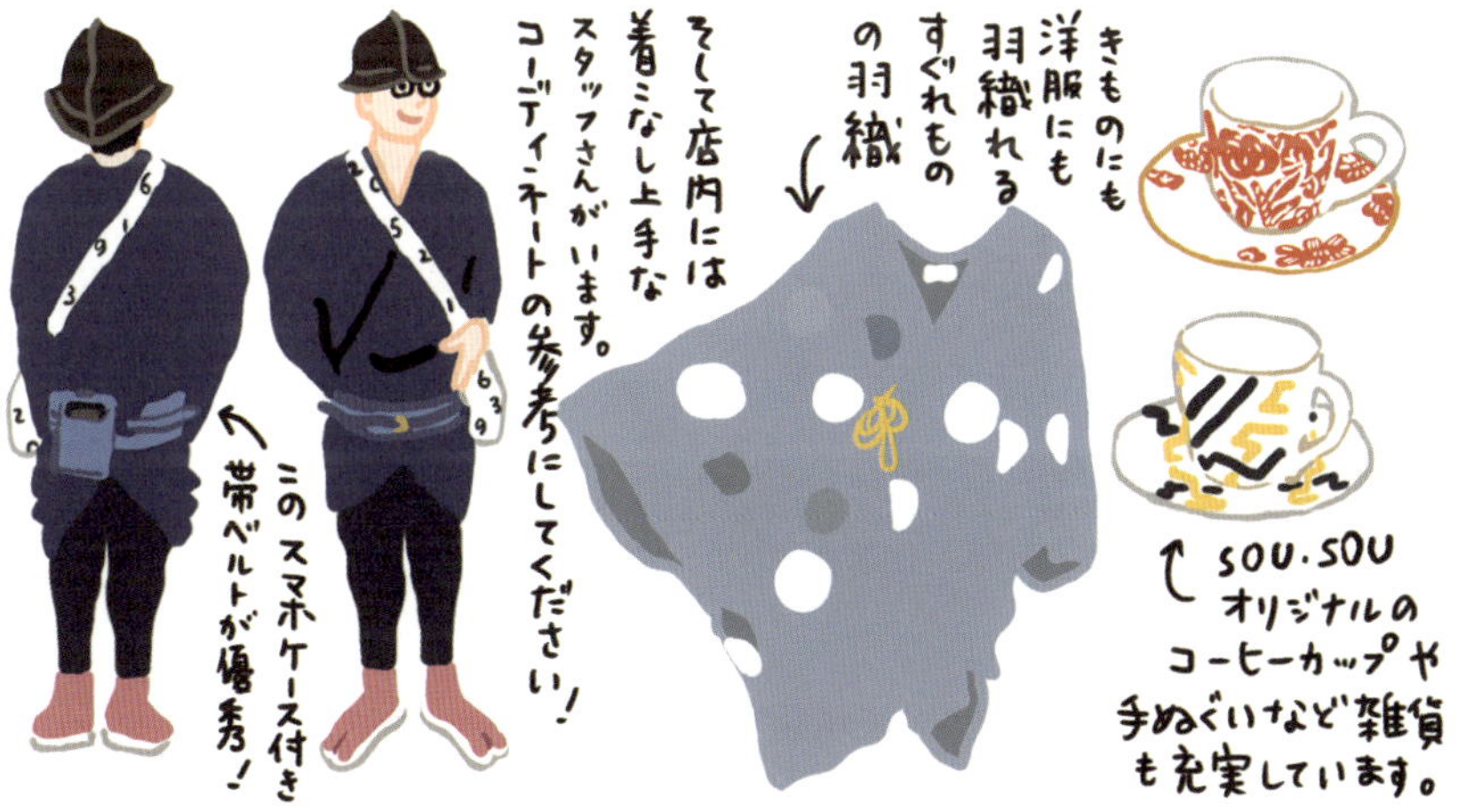
きものにも洋服にも羽織れるすぐれものの羽織
そして店内には着こなし上手なスタッフさんがいます。コーディネートの参考にしてください！
このスマホケース付き帯ベルトが優秀！
SOU・SOUオリジナルのコーヒーカップや手ぬぐいなど雑貨も充実しています。

DATA

電話	03-3407-7877
営業時間	11:00〜20:00、喫茶13:00〜18:00
料金	喫茶「和菓子とお抹茶（または珈琲）」1000円ほか
休み	なし
アクセス	東京メトロ銀座線ほか表参道駅より徒歩8分
住所	港区南青山5-4-24ア・ラ・クローチェ1階
HP	https://www.sousou.co.jp/

Point

工夫しだいでコーデをもっと楽しく

刺繍のワッペンのような「刺繍飾り」というアイテムは、帽子や洋服に付けて、ブローチとして使えます。きものの衿元にワンポイント使いで、留めてみるのもよさそうです。

きものに合わせるリング選び

gram
南青山店

ぐらむ　みなみあおやまてん

友人同士や母娘でペアにする人もいます。
細いけど味のある形のピンキーリング、ないかなぁ……あるんだなコレが。

華奢なリングは、きものコーデの邪魔をしないので、いくら付けても大丈夫。おしゃれさが増します。帯留めの金具と色を合わせてもいいですね。

中には石の付いたものや、太いものなども。

華奢なのに存在感のあるリングがお手頃価格で、職人さんが指に合わせて作ってくれるとあって、鎌倉では行列の絶えないアクセサリーのお店gram。青山にもあるのです。

静かな環境でアクセサリーを選びたい方にはこちらがおすすめ。手持ちのリングと組み合わせて、重ね付けしてもすてきですね。来店する際は、事前予約するのがおすすめです。

DATA

電話	03-3499-2007
営業時間	11:00〜20:00
休み	不定休
アクセス	東京メトロ銀座線ほか表参道駅より徒歩8分
住所	港区南青山 4-23-10
HP	https://www.gram-o.com/aoyama

浮世絵ならここ
専門ならではの企画展

太田記念美術館

おおたきねんびじゅつかん

葛飾北斎の「冨嶽三十六景
神奈川沖裏」

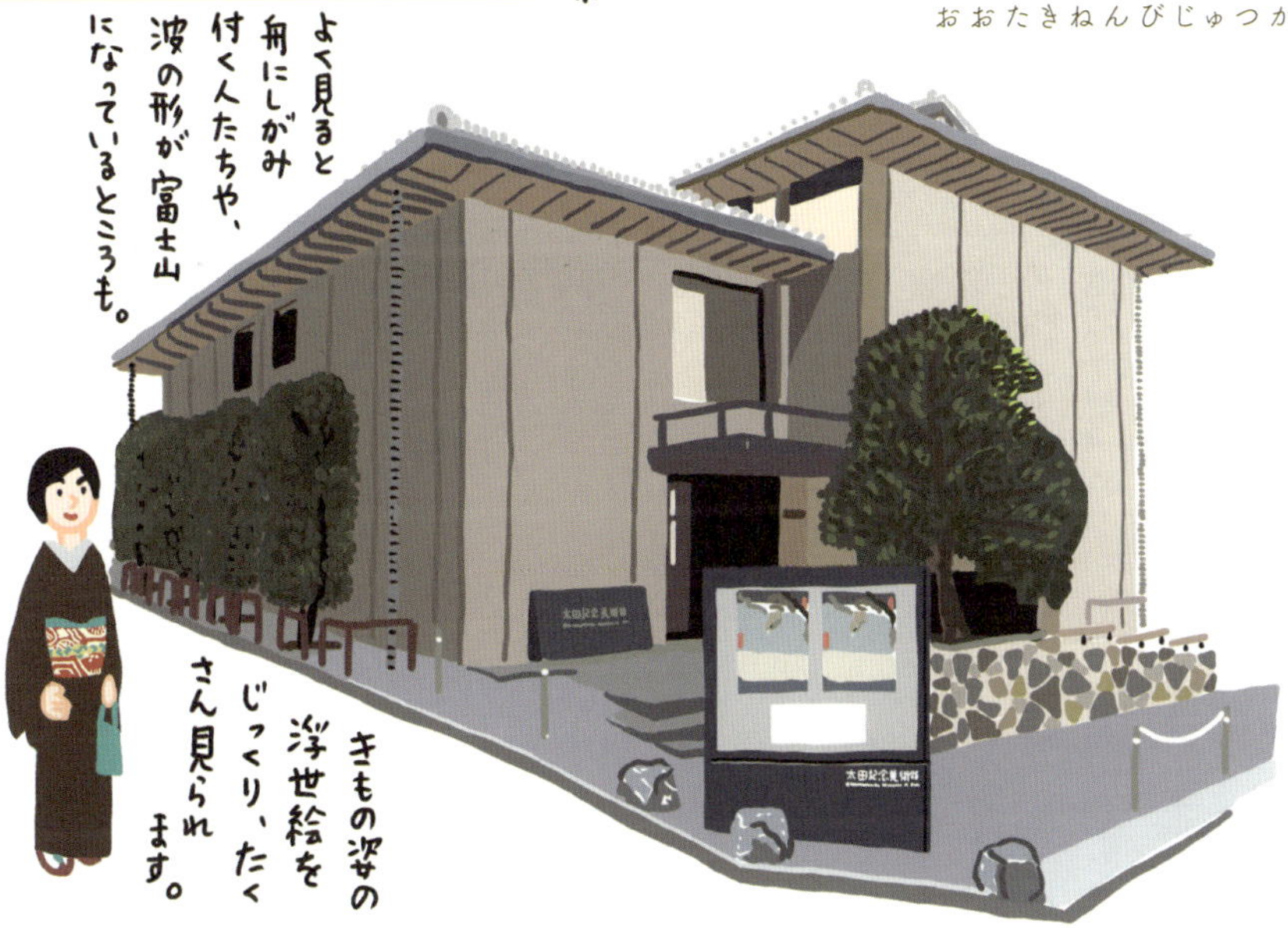
よく見ると
舟にしがみ
付く人たちや、
波の形が富士山
になっているところも。
きもの姿の
浮世絵を
じっくり、たく
さん見られ
ます。

東邦生命保険相互会社の会長などを歴任し、実業界では有名な存在だった5代目・太田《おおた》清藏《せいぞう》のコレクションを集め、昭和55（1980）年に開館しました。

肉筆の浮世絵800点、版画の浮世絵約1万点も収蔵されています。これほどの量を所蔵しているだけあって、夏は妖怪や幽霊に特化するなど、企画展示は実に多彩。浮世絵といえばここ、という美術館です。

DATA

電話	03-5777-8600(ハローダイヤル)
営業時間	10:30～17:30(入館は閉館30分前まで)
料金	展覧会により異なる
休み	月曜(祝日の場合は翌日)、展示替え期間、年末年始
アクセス	東京メトロ千代田線ほか明治神宮前〈原宿〉駅より徒歩5分、JR原宿駅より徒歩5分
住所	渋谷区神宮前1-10-10
HP	http://www.ukiyoe-ota-muse.jp/

カジュアルに抹茶を
楽しめるカフェ

THE MATCHA TOKYO 表参道

ざ・まっちゃ・とうきょう・おもてさんどう

THE MATCHA

スタッフの方が丁寧に
お抹茶を点ててくれ
ます。
壁に茶畑のマーク!
地図記号……
覚えてますか？

お抹茶の泡の
ふわふわ感を
より感じられる
ように、口が広め
の紙コップを
使っているん
ですって。
100% ORGANIC MATCHA
鹿児島の
黒糖を使っ
たお菓子
「黒棒」を
添えて、
いただき
ま～す!

きものを着られるようになったら、お茶を体験してみたい。でも作法がわからない……という意見をよく聞きます。そんな人におすすめしたいのがここ。

　本格的な抹茶をカジュアルに、しかもおいしく楽しめるんです。オーガニックなのも嬉しいポイント。茶道の敷居を低くしてくれているカフェです。

　海外経験が長く日本茶の需要を感じていたオーナーが、抹茶の持つ力を知ってほしいと一念発起して2018年にオープン。オープンにあたって、オーガニック100%の抹茶を作るため、日本中の茶園を回って理想のお茶農家を探し出したのだそうです。

お茶にはいろいろな品種があるのですが、たいていの方が「緑色で苦い」と思っているのではないでしょうか。比べると、緑色の濃さ、香りが違うのがわかります。お店の壁にあるグラフを参考にしてみてください。甘み、渋み、旨み、色、香りが五角形になって、それぞれの品種の特徴が一目でわかります。実際に「五香《ごこう》」を飲んでみましたが、苦さよりも甘さと旨さが際立っています。色も鮮やか。知っている抹茶とはまったく別物でした。

また、抹茶を点てられる体験セットもあります。お客さんのうち8割の人は初めてだとか。茶道って難しいんでしょ、という方に、ぜひ体験してもらいたいですね。

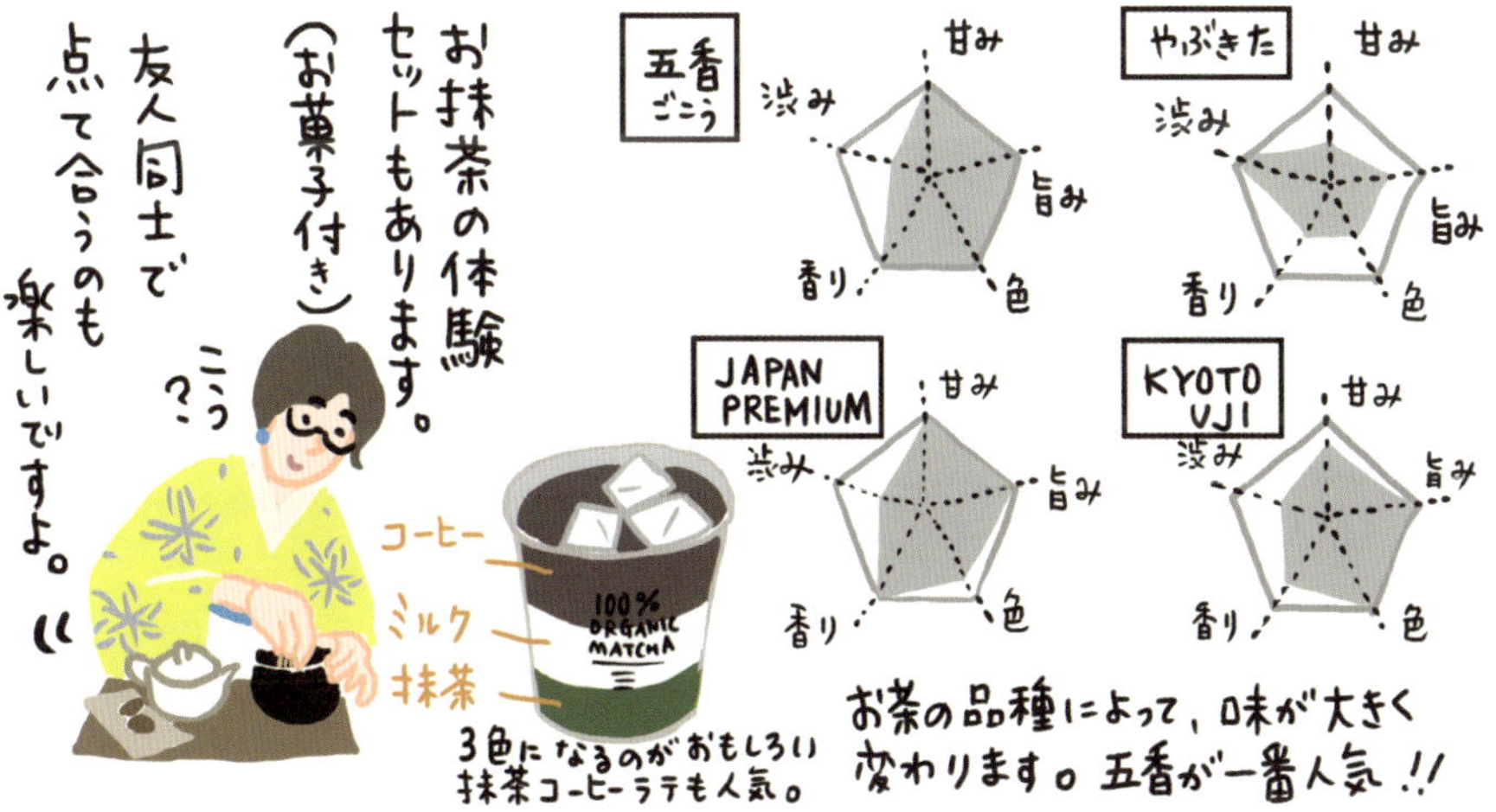

お抹茶の体験セットもあります。
(お菓子付き)
友人同士で点て合うのも楽しいですよ。
こう？
コーヒー
ミルク
抹茶
100% ORGANIC MATCHA
3色になるのがおもしろい抹茶コーヒーラテも人気。
五香 ごこう
やぶきた
JAPAN PREMIUM
KYOTO UJI
甘み
渋み
旨み
色
香り
お茶の品種によって、味が大きく変わります。五香が一番人気!!

DATA

電話	050 5435-1201
営業時間	11:00～20:00
料金	「MATCHA [JAPAN PREMIUM]」495円、「MATCHA COFFEE LATTE」660円ほか
休み	不定休
アクセス	東京メトロ千代田線ほか明治神宮前〈原宿〉駅より徒歩3分
住所	渋谷区神宮前6-6-6
HP	https://www.the-matcha.tokyo/

Point

おうちでも気軽に抹茶タイム！

自由が丘の菓子店・黒船さんとコラボしたカステラや、鹿児島の黒糖を使ったお菓子「黒棒」など、抹茶に合うスイーツもたくさん。持ち帰りできるので、スティックタイプの抹茶とともに手土産に。

ペカンナッツショコラもお抹茶と合います。

part

3 青山・表参道

明治創業の豆菓子専門店。
散歩のお土産におすすめ
青山但馬屋
ワタリウム美術館
原宿団地北
世界的な現代アートを紹介。
きもので訪れてみると
そのギャップがまた斬新！
外苑前駅
伝統工芸スクエア
青山小
日本全国の伝統工芸品に出合える。
自分用にも贈り物にも最適
南青山3
東京メトロ半蔵門線
東京メトロ銀座線
外苑西通り
表参道ヒルズ
青山通り
表参道
東京メトロ千代田線
「お茶をおしゃれに愉しむ」が
テーマの和カフェ。
老舗料亭・金田中の味を気軽に
表参道駅
茶洒 金田中
表参道
花と緑に囲まれた"温室"を
イメージした空間で、ほっと一息
青山フラワーマーケットティーハウス
創業約500年の「とらや」の
甘味を気軽に味わえるカフェ
Ao
TORAYA CAFÉ あんスタンド
櫻井焙茶研究所
ヨックモック青山本店
青南小
南青山5
ラ・ポルト青山
国連大学本部
日本各地から厳選された日本茶を
高級感あふれる空間でいただける
GRANNY SMITH
老舗洋菓子店。
喫茶室は開放感あふれる
テラス席がおすすめ
根津美術館前
4
1
骨董通り
"おばあちゃんの味"が
コンセプトのアップルパイ専門店。
アンティーク調の店内は雰囲気抜群
3
青山えり華（2F）
Te Hong
ゆったりとしたカウンターで
本格的な中国茶を。
作家による茶器の展示販売も
青山学院大
きくちいまオリジナル
製作委員会加盟店。
オリジナル半衿
「いとしの衿〜」など、
和装グッズが充実
南青山6
青山学院女子短大
2
青山学院中
南青山7
高樹町

明治神宮
原宿駅
竹下通り
竹下口
神宮橋
5
ラフォーレ原宿
明治神宮前〈原宿〉駅
東急プラザ
コロンバン
日本を代表するフランス菓子店。原宿本店サロンではケヤキ通りを眺めながらゆっくりできる
神宮前小
6
JR山手線
岸記念体育会館
東京メトロ副都心線
明治通り
表参道茶茶の間
日本茶ソムリエが一杯ずつ丁寧にお茶を入れてくれるカフェ。表参道から小道に入った閑静な店内
渋谷教育学園中・高
神宮前6
中川政七商店
奈良に本社があるセレクトショップ。表参道店は「まるごと試せる」のコンセプトの通り、全品試してから購入できる
cocoti
宮下公園
渋谷駅
青山通り
宮益坂上
N
0
200m

Column

きもの姿の女将さんに会いに行こう

壱

喫茶《きっさ》 蔵《くら》

トレードマークはきものと白い割ぽう着

質屋の蔵を喫茶店にしたお店。カウンターとテーブル席があり、蔵のほうにテーブル席があります。蔵へ入るのにちょっと高い段差がありますが、「もう80歳よ」と微笑む女将さんは軽々と上り下りしています。

人気のたい焼きセットは、カップの色柄をお客さんのコーデに合わせて出しているのだとか。

日本舞踊をしていたので、たくさんきものを持っているのだそう。夏はゆかたに半幅帯を貝の口にするスタイル。一年中きものを着てお店に立っています。

和のおもてなし！

千代紙の楊枝入れ

帰り際、女将が時間の合間に折った、千代紙の爪楊枝入れがもらえます。いろんな色柄があり、「おひとつどうぞ」と差し出されると、どれにしようか迷ってしまいます。

明治から昭和初期に使われていた昔の電話がディスプレイ。映画『となりのトトロ』にも出てきますね。若い人には電話には見えないだろうな。

こちらも蔵の壁に飾られている、大正８年の金銀出入帳。元質屋の蔵ですからね、なんだかこの出入帳の中が気になってしまいます。見ないけど。

トマトリゾットは濃厚なのにやさしいお味。ランチセットに付くサラダのトマトは、丁寧に湯剥きしてあるので、口当たりがなめらかです。他にもホットサンドが人気。あんこ、りんご、ハム、ツナの中から２つ選べます。

DATA

電話 03-3882-0838 営業時間 10：00～18：00（L.O.） 料金 「たい焼きセット」750円、「チーズケーキセット」800円ほか 休み 日曜、祝日 アクセス JR・東京メトロ千代田線ほか北千住駅より徒歩５分 住所 足立区千住 1-34-10 HP ー

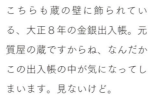

part 4

神楽坂

重いお神輿《みこし》が、神楽の演奏で坂を上ったという伝説が地名の由来というこの街、たしかに坂が多いです。大正時代からの花街の情緒が残っていて、路地裏を歩くたびに新しい発見が。夕暮れになると、どこからか三味線の音が聞こえてくることも。

神楽坂散歩

ピックアップ きものコーデ

きちんとさん

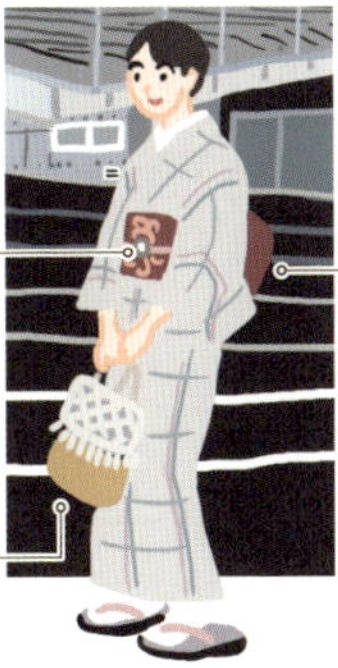

淡いきものなら、帯は少し派手なくらいでちょうどいい

籠にもレース編みのニットをかけておしゃれに

お太鼓でも角出しでも、結びたいように結んで

大人ピンクに大人赤 臆せず使って楽しもう

赤やピンクは若い人のもの、という認識ははっきり言って古いです。きものでは目だつかなと気おくれするのならば、帯や小物で品よく使いこなしてみて。

カジュアルさん

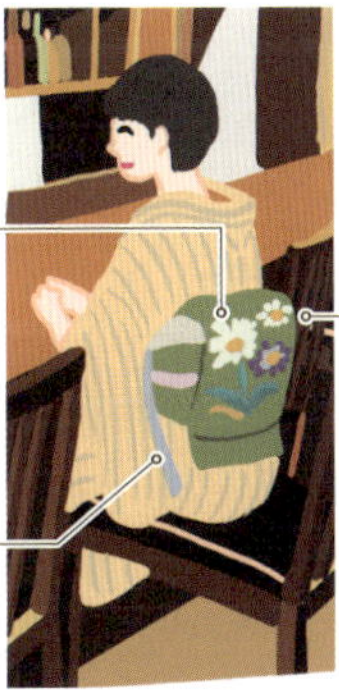

お太鼓の柄がうまく出せないときは作り帯に挑戦するのもあり

季節の花の帯は、先取りして積極的に使いたい

袖口からちらりと見える色襦袢は、おしゃれの真髄

粋な雰囲気の縞《しま》を 花の帯と合わせて柔らかく

縞のきものは「背が高く見える」「痩せて見える」と言いますが、必ずしもそうとは限りません。一人一人に似合う縞の幅があるのです。それを探すのも醍醐味。

和洋MIXさん

ビビッドな色のベルトを帯締めに。細くても太くてもおしゃれに

大人のツインテールは、髪が長ければ長いほどバランスが取りやすい

派手な色のセーターにして、わざと「効かせ色」にするという手も

襦袢《じゅばん》の代わりに セーターとスカート

タートルネックのセーターを襦袢代わりにする着方は、寒い季節におすすめ。ウエストがゴムのロングスカートをインナーにはくのもありです。

元花街の神楽坂を
見守ってきた鎮守府

毘沙門天
善國寺

びしゃもんてん　ぜんこくじ

狛犬はよく見かけますが
ここのは狛虎。毘沙門天
が寅年の寅の月、寅の日の
寅の刻に現れたという説から
来ています。
右の阿《あ》が82cm、左の吽《うん》は
85cmで台座を含めると
2m超え。
よく見ると愛敬のある
顔をしていますよ。

まずはごあいさつ。
きものなら毘沙
門天の覚えも
めでたいかも。
お守り・祈祷受付
毘沙門天

神楽坂の途中にある、毘沙門天善國寺は、安土桃山時代の文禄4（1595）年に創建された日蓮宗の寺院です。毘沙門天は、江戸時代から「神楽坂の毘沙門天様」と呼ばれて信仰を集めていました。毘沙門天の前に鎮座しているのは、狛犬ならぬ狛虎。江戸後期に掘られた石像ですが、200年もの間、毘沙門天様と地域の人たちを守ってきたのかと思うと、なんだか撫でたくなってきます。

DATA

電話	03-3269-0641
開閉時間	9:00〜18:00
アクセス	JR・東京メトロ東西線ほか飯田橋駅より徒歩5分、都営地下鉄大江戸線牛込神楽坂駅より徒歩6分
住所	新宿区神楽坂5-36
HP	https://www.kagurazaka-bishamonten.com/

和のライフスタイルに
伝統のろうそくを

アトリエ灯
AKARI

あとりえあかり

Rosoku
びんに入っていたり、すてきな箱に入っていたりして、ろうそくのイメージが変わりました。

パケ買いしたくなる！

和ろうそくは、木《もく》ろうそくとも呼ばれ、木の実で作られます。芯の部分は和紙とい草です。
和ろうそくは、消したときにいやなにおいがせず、炎が大きくて明るいのが特徴。

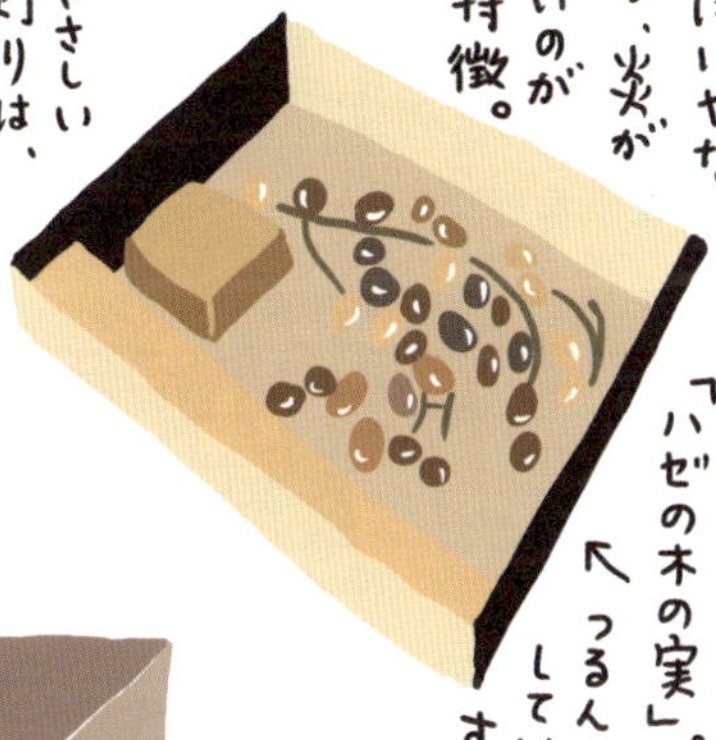
和ろうそくの原料「ハゼの木の実」。
つるんとしています。

やさしい灯りは、表情もきもの姿もより美しく見せてくれます。

日本各地の伝統の技を継承して丁寧に作られた、和ろうそくを置いています。伝統の技、きものを着ていると身近に感じます。

店主はおだやかな雰囲気の女性。かつて東京で和ろうそくのお店を探したけれど見つからず「それならばわたしが」とお店を始めたそうです。灯のある暮らしは、日常を明るく彩ります。食事のときや、ひとりの時間など、ちょっと灯を楽しんでみませんか。

DATA

電話	03-6280-8573
営業時間	12:30〜18:30
休み	月・水・木曜　※週によって変わるので事前にHPを要確認
アクセス	都営地下鉄大江戸線牛込神楽坂駅より徒歩2分、東京メトロ東西線神楽坂駅より徒歩3分
住所	新宿区神楽坂6-73メゾン・ド・ガーデニア1階
HP	https://www.akarikagurazaka.com/

きものや和関係の
良書がたくさん

本のにほひのしない本屋 神楽坂モノガタリ

ほんのにほひのしないほんや　かぐらざかものがたり

お店の本を
読みながら
飲食できる、って
すごい信頼関係
だなぁ。

一般的な本屋さんではあまり置いていないような本があったりして、いかにも「本のセレクトショップ」という感じ。わたしが「さすが東京！」と驚いたお店ナンバーワンです。

実はわたしは本屋の娘で、小さい頃から本の扱いに関しては厳しくしつけられました。本のそばに台拭きなど置こうものなら、ひどく叱られたものです。本を読みながらの飲食ももちろんNG。

なので初めてこのお店に入ったときは衝撃でした。購入前のお店の本を、立ち読みどころか座って読むための椅子まであって、注文すればおいしいコーヒーも。さらにフードメニューにはグラスワインをセットにでき、他におこわまである。「あぁここは、お客さんとの信頼関係で成り立っているお店なんだな」と思いました。見渡すと、誰も本を粗末にせず、むしろ慈しむように扱っています。

ここには、ふつうの書店では置いていないようなマニアックな本が並んでいます。バイヤーの選書で、2〜3カ月ごとに入れ替えられるそうです。 ずっと探していた本を見つけて、いったん席に置いたもののなんだか落ち着かなくて、やはり飲食をする前に買って、自分のものにしてから本の扉を開きました。なんだかこのお店の本は、みんな嬉しそうに見えます。本に居心地というものがあるのだとしたら、「わたしは選ばれてここにいるのよ」と本が胸を張って座っている感じです。

　ほどよいかたさのイスで、席と席の間もゆとりがあるので、きもので過ごしやすいブックカフェです。

DATA

電話	03 3266-0517
営業時間	12:00〜20:00
料金	「Barのビーフシチューセット」1533円、「ブレンドコーヒー」756円
休み	月曜(祝日の場合は営業)
アクセス	東京メトロ東西線神楽坂駅より徒歩1分
住所	新宿区神楽坂6-43K'sPlace 2階
HP	http://www.honnonihohi.jp/

Point

神楽坂の駅すぐ待ち合わせに最適

窓辺で静かに座っているシマウマ君(置き物)がいました。その向こうには神楽坂の駅が。駅の目の前の立地なので、待ち合わせにも最適。わたしなら1時間前に着いて、ここで読書タイムだな。

丁寧に和食を作るための基本が揃う

AKOMEYA TOKYO in la kagū

あこめや・とうきょう・いん・らかぐ

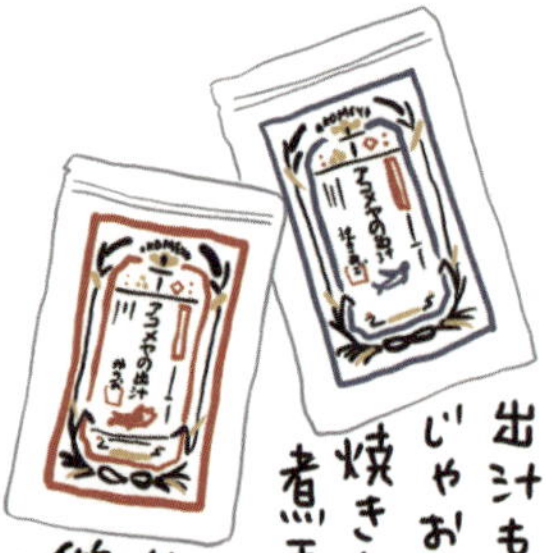
今日は何を着ようかな
紬にしようか小紋にしよ
うか。それと同じ感じで
出汁も選ん
じゃおう。
焼きあご、
煮干し、
野菜、
かつお、
鶏の5種類
あります。

la kagū
AKOMEYA TOKYO
きものと和食、どちらも日本のよき文化。
暮らしを見直すきっかけになるかも。

おいしいものを食べたとき、あの人にも食べさせたいなと浮かぶ顔があります。AKOMEYA TOKYOのコンセプト「お福分けの心」に通じるかなと思います。店内にはお米や出汁、調味料など食品だけでなく、土鍋や鉄鍋などの調理器具、食器などの雑貨、自立する国産ひのきのしゃもじやおろし金が一緒になったスプーンなどの便利グッズも。ごはんが作りたくなるお店です。

DATA

電話	03-5946-8241
営業時間	11:00〜20:30、AKOMEYA厨房11:00〜15:30、17:30〜22:00、AKOMEYA茶屋8:00〜22:00、Shiratama Salon 新三郎11:00〜20:30
休み	不定休
アクセス	東京メトロ東西線神楽坂駅より徒歩1分
住所	新宿区矢来町67番地
HP	https://www.akomeya.jp/

神楽坂芸者の
着こなしが聞ける

BAR英《ばーえい》

お店の雰囲気に合わせたすりガラス↗

女将さんはいつもきもの。「神楽坂好み」という着方があって、帯の前幅が広いのだそうです。1/2に折らず2/3を前に出すんですって。

シャンパンをグラスで出してくれるお店は珍しいです。

きもので行ったら話が盛り上がりそう。

女将の英子さんは芸者歴23年。OL時代、定時に帰れる部署に異動になったとき、趣味で習っていた日本舞踊を活かせるアルバイトを探したのがきっかけで芸者になったそうです。

芸者を続けながらできるからと始めたこのバー。きもので動きやすいカウンターに作ってもらったそうです。お客さんのリクエストになるべく応えたいので、「ないもの」のリクエストが2回続いたら仕入れるようにしているのだとか。

DATA

電話	03-3260-5982
営業時間	19:00～翌2:00 (L.O.1:30)
料金	ウィスキー1000円～、カクテル1100円～ほか(別途チャージ1500円、サービス料10%)
休み	日曜、祝日
アクセス	JR・東京メトロ東西線ほか飯田橋駅より徒歩3分
住所	新宿区神楽坂3-2-31 2階
HP	ー

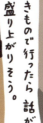

シャンパンバーに
きもの姿のスタッフさん

Kagurazaka MAEDA L’escalier

かぐらざか・まえだ・れすきゃりえ

落ち着いた雰囲気のクラシックなバーです。スタッフさんはきもの姿。聞けば皆さん、階上にある料亭・前田のスタッフさん。制服として与えられるのだそうです。なぜバーにきもの？の謎がとけました。

いかにも神楽坂らしい路地裏・芸者小道の石畳を下っていくと、隠れ家のようなお店が見つかります。

こちらは、高級料亭「前田」の地下にある、クラシカルな雰囲気のバーです。階上にある前田では、生麩をはじめとする繊細な加賀料理を堪能できます。バーですが、ランチも人気。そして、ランチ営業時のみ、前田のスタッフさんがきもの姿でお出迎えしてくれます。

生麩料理がついてくる、加賀料理の焼き魚定食は、小鉢やだし巻き卵もあります。ごはんを大盛にしてもらうこともできるそう。前田の名物・合鴨の治部煮などのある加賀御膳もおすすめです。

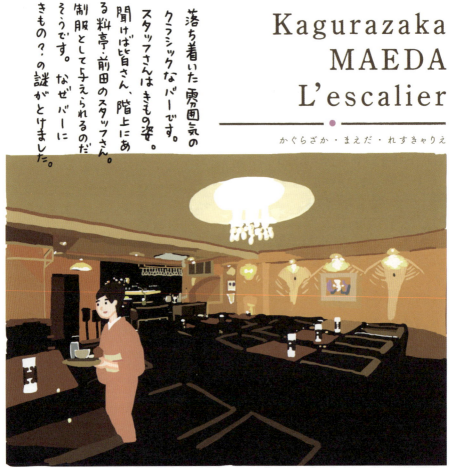

バーの奥には個室スペースもあり、10名程度ならランチ会もできそうです。とはいえランチタイムは人気なので、あらかじめ問い合わせておいたほうが賢明。

　スタッフは皆さんきものです。わたしが見たときは、若い女性で、3人とも小紋でした。いかにも仲居さんという感じの色無地ではないので「もしかして自前ですか?」と聞いたところ、「実はそうなんです。与えられたきものもあるんですが、好きなので自分のも着ます」とにこにこ。「きものが着られるようになりたくて、ここに勤めたんです」というスタッフもいました。きものできぱきと働く姿が、とても清々しく美しいです。

路地の坂を下りていくと、抜け穴のような入り口が。L'escalierはここから入ります。上は加賀生麩割烹の「前田」。

クラシックなバーですが、実はランチがおすすめ！　実は料亭「前田」で作られているんです。焼き魚や煮物、汁物、香の物ひとつひとつが丁寧。コスパ最高です。

DATA

電話	03-6457-5021
営業時間	11:30〜17:00(LO.14:00、土・日曜、祝日は15:00)、月〜水・土曜17:30〜23:00／木・金曜17:30〜翌4:30(LO.3:00)
料金	「ランチ加賀御膳」1800円、「ランチ日替わり御膳」1200円ほか
休み	日曜夜(月曜祝日の場合は営業)
アクセス	JR・東京メトロ東西線ほか飯田橋駅より徒歩5分
住所	新宿区神楽坂3-6
HP	http://lescalier.kaga-ya.com/

Point

いつかは前田……今日は前を通るだけ

前田の入り口は、いかにも高級料亭。夜になると灯がついて、その雰囲気はますます深まります。ちなみに前田を利用した人は、中の階段からL'escalierに下りることもできます。

現代邦楽の父と呼ばれた 天才音楽家の記念館

宮城道雄記念館

みやぎみちおきねんかん

丸窓の雰囲気も
情緒的です。

かつて
手で触れて
その造形を楽しんで
いたという
石のだるま
さんも
います。
お顔の
彫りが
深い。

凝った造りの家屋
を背景に、ぜひ写真を撮って
みてください。きもの姿とマッチしま
す。

お正月のBGMには欠かせない、箏《こと》の名曲「春の海」を作曲した宮《みや》城《ぎ》道《みち》雄《お》の記念館。8歳で失明した道雄ですが、作曲だけでなく楽器そのものも考案してしまうほどのすぐれた音楽家でした。

　子どもの頃は見えないことが悲しくて仕方がなかったけれど、箏という楽器と出合ってから、目が見えないことが苦にならなくなったそう。弟の教科書にある七首の和歌を歌詞にして、水の変化をイメージして作曲。それが、伊藤博文から絶賛されたのをきっかけに才能は開花。

　ラジオに出演したり、オーケストラとの協奏曲を発表したり、楽器を考案したりと大忙しになったそうです。

記念館では、そんな道雄が作曲や執筆などに使用した書斎や、音楽関係の資料を見ることができます。道雄が考案した楽器の中で一番大きい箏「八《はち》十《じゅう》絃《げん》」は、昭和20（1945）年の空襲で焼失してしまいました。しかし、見事に復元されて展示されています。

また、フランスの女性バイオリニスト、ルネ・シュメーとの合奏「春の海」を収録した貴重な音源をはじめ、いろいろな曲のCDやDVDを聴くこともできます。

道雄の生きた時代は男女とも、まだまだきもの姿が多かった時代です。そんなふだん着としての着こなしを、展示されている写真などから、うかがい知ることができます。

DATA

電話	03-3269-0208
営業時間	10:00〜16:30（入館は閉館30分前まで）
料金	一般400円ほか
休み	日・月・火曜、祝日
アクセス	都営地下鉄大江戸線牛込神楽坂駅より徒歩3分、東京メトロ東西線神楽坂駅より徒歩10分
住所	新宿区中町35番地
HP	https://www.miyagikai.gr.jp/kinenkan

Point

触れて愛でる道雄の癒やし

目が見えないぶん、手のひらの感触に敏感だった道雄。細かい細工の根付けや仏像を撫でてその凹凸を楽しんだそうです。今は苔むしていますが、庭にある石の達磨大師もそのひとつ。

アンスティチュ・フランセ東京

あんすてぃちゅ・ふらんせとうきょう

おすすめの撮影スポットは、スクールの中にある階段。
シンプルな色づかいながらも動きのある風景でコーディネートがきれいに見えます。
一般の人も撮影可能ですが、授業中はどうかお静かに。

図書館には
フランス語の本や絵本、DVDがたくさんあります。

いつかパリへきもので旅してみたい。その予行練習に、この場所はいいかも。建物の雰囲気もさることながら、食や文化も本場に触れられます。

ここでは、初心者からバイリンガルレベルまでのフランス語講座が毎学期、用意されています。中には、シャンソンをフランス語で歌いながら楽しく発音の勉強をするという講座や、人気ドラマを通して表現を学ぶ講座も。個人的に気になるのは、フランスの郷土料理のレシピを学ぶ講座「美食の国フランス」です。まぁ、まずは初心者用の、パリに旅行したときの会話、講座からスタートですね。

授業の邪魔にならなければ撮影可。パリときもの、意外性のある一枚が撮れます。

この建物には、図書館と映画館が入っています。図書館にはフランス語の書籍やDVDなどがあり、貸出も可。映画は字幕付きのものもあるので、映画に興味はあるけれど、フランス語はさっぱりという方に安心。映画監督を招いての上映&トークイベントや、哲学的な会話を交わす「哲学ワークショップ」というイベントも行われています。フランス語に興味を持ってもらいたい、フランス文化に触れてもらいたい、という意気込みが伝わってきますね。

見どころのひとつに、一番パリを感じられるフレンチレストランがあるのですが、今は工事中。2020年の完成が待ち遠しいです。

赤いカフェがあります。
なんだかパリに留学して
いるような
気分に
なれます
よ!

108人が入れる映画館があり、
他ではなかなか見られないフランスの
映画を上映しています。

DATA

電話	03-5206-2500
営業時間	9:30〜19:30、月曜12:00〜、土曜〜19:00、日曜〜18:00/メディアテーク12:00〜20:00、土曜10:00〜19:00、日曜10:00〜18:00/ル・カフェ9:30〜19:00、日曜9:30〜17:00
料金	建物内見学とメディアテークは入場無料。映画は別途料金(詳細はHP参照のこと)
休み	祝日は全館休館、メディアテークとル・カフェは月曜・祝日
アクセス	JR・東京メトロ東西線ほか飯田橋駅より徒歩7分、都営地下鉄大江戸線牛込神楽坂駅より徒歩7分
住所	新宿区市谷船河原町15
HP	https://www.institutfrancais.jp/tokyo/

Point

頭を使ったあとの甘いものは必須

1階カフェで味わえる、直径4センチほどのマカロンは、なんと1個130円。安くて、おいしい。学割価格なんでしょうか。でも、ここの学生じゃなくても食べられますよ〜。マフィンやパンもあります。

パリの本屋さんにいる気分になれる

欧明社《おうめいしゃ》

リヴ・ゴーシュ店《りゔ・ごーしゅてん》

ポップアップになるパリの観光案内の絵本もあって、うきうきしてきます。
PARIS
PARIS POP UP
PARIS
LOUVRE
ELLE
merci
お得でかわいい
メルシーカードがたくさんありますよ〜！

きものでパリに行く、予行練習かな〜
・RIVE GAUCHE・

アンスティチュ・フランセ東京（P．74）のすぐ向かいにある、フランス語専門の本屋さんです。キュートな外観で、すっかりパリっ子モード。ジャムの作り方やクリームチーズで有名なブランドのレシピ本、立体になる旅行案内本といった定番だけでなく、キティちゃんがパリで、リサ&ガスパールに観光案内してもらうという贅沢なコラボ絵本もありました。プレゼント探しにもおすすめです。

DATA

電話	03-3267-1280
営業時間	10:30〜13:30・14:30〜19:30、月曜12:00〜13:30・14:30〜19:30、土曜10:30〜18:00、日曜12:00〜18:00
休み	祝日
アクセス	JR・東京メトロ東西線ほか飯田橋駅より徒歩7分、都営地下鉄大江戸線牛込神楽坂駅より徒歩7分
住所	新宿区市ヶ谷船河原町15アンスティチュ・フランセ東京内
HP	http://www.omeisha.com/?mode=f4

カウンター席で
むすびたておむすびを！

神楽坂 むすびや

かぐらざかむすびや

具……多すぎて書ききれません!!
鮭、梅、おかか、大葉しらす、こんぶ、塩こんぶ
山椒こんぶ、焼きたらこ、めんたいこ、チーズ明太、コンビーフ
ツナマヨ、葉わさび、青じその実、辛子高菜、葉唐辛子
安芸菜漬、しじみ佃煮、イカ塩辛、ザーサイ、チャンジャ
青とうもろ味噌、山ごぼう
煮うずら玉子
数の子雲丹、
鶏そぼろ
チャーシュー

おむすびの具材は、全て手作りにこだわっています。
定番からひとつ？、変わったのも食べてみたい……。好きなおむすびを2個選ぶ、ということがこんなにも大変だなんて。
テイクアウトもできます。
むすびや
子どもにも大人にも人気のしそジュース
今年作った分がなくなったらまた来年！
白ごまが香るおみそ汁も、柚子こしょう付きの唐揚げもおかわりしたくなります。

むすびたてを食べてほしいから、あえてカウンターにしたのだそう。「五つ星お米マイスター」が厳選した「贅沢ブレンド一等米」を使用しています。これはほどよい粘りと、一口でふんわりとほどけるような食感で、おむすびに一番適したお米。具材も手作りにこだわり、鮭などは市場へ仕入れにいくんだそうです。海苔は色が濃く香りのいい有明産。塩は沖縄の天然塩。どれもおいしそうで迷います。

DATA

電話	03-3235-3094
営業時間	8:30～14:00・16:00～18:30、金曜8:30～14:00・17:30～21:00、土曜10:00～14:00
料金	「むすびやセット」700円、「神楽坂ビール」650円ほか
休み	第2土曜、日曜、祝日
アクセス	JR・東京メトロ東西線ほか飯田橋駅より徒歩3分
住所	新宿区神楽坂2-10
HP	https://kagurazaka-musubiya.com/

白鳥橋
首都高速池袋線
目白通り
江戸川小
女性の願いごとを叶えてくれるという
牛込の鎮守府。
現代的でスタイリッシュな境内は、
きものでも歩きやすい
赤城神社
神楽坂に2店舗構える和菓子屋。
猫の形をした最中がキュート！
クラシックなものから
モダンなものまで、
さまざまな風呂敷が揃う
新隆慶橋東詰
新隆慶橋西詰
東京メトロ東西線
神楽坂駅
梅花亭
ふろしきや
やまとなでしこ
元料亭の和食処。
情緒あふれる石畳と
黒板塀の店構えは、きもの姿が
映えること間違いなし！
飯田橋駅
4
3
貞
職人や作家による
履ものをメインとした
セレクトショップ
神楽坂
おいしんぼ
kukuli
手ぬぐい、バッグなど
ふだん使いできる
日本各地の織物を紹介
神楽坂上
神楽坂
茶寮
2
1
5
本多横丁
まかない
こすめ
飯田橋駅
路地裏にある民家を
改修した和カフェ。
おばんざいなどを味わえる
ギンレイホール
6
10
飯田橋駅
神楽坂通り
芸者小道
牛込神楽坂駅
大久保通り
都営大江戸線
不二家
神楽坂下
自然由来成分を使った
メイドインジャパンコスメの本店。
体にやさしい和スイーツは
ここだけの限定
日本歯科大
東京短大
牛込北町
愛日小
7
東京理科大
限定販売の「ペコちゃん焼」で
有名なケーキ屋。
店頭のペコちゃんは
きものでお出迎え
外堀通り
8
9
JR総武線
東京メトロ有楽町線
東京メトロ南北線
東京逓信病院
法政大
法政大
市ヶ谷田町校舎
新見附橋
白百合
学園中・高
白百合
学園小

早稲田鶴巻町東
山吹町
新宿
山吹高
大日本印刷
榎町工場
早稲田通り
弁天町
東京メトロ東西線
牛込天神町
漱石
山房記念館
文豪・夏目漱石の生まれ育った
新宿区に2017年誕生。
カフェでは漱石ゆかりの和菓子も
外苑東通り
晴和病院
牛込
第一中
市谷小
牛込柳町駅
市谷柳町
大久保通り
都営大江戸線
牛込
警察署
牛込
第三中
N
0
200m

Column

きもの姿の女将さんに会いに行こう 弐

木舞屋《こまいや》

竹を使った和風のバー きもの姿でお出迎え

天井に立派な木舞《こまい》が掲げられています。木舞とは漆喰《しっくい》の基礎部分で、同じ長さの竹を組んだもの。カウンターは立派な栃《とち》の木。そんなバーで、こだわりのお酒を楽しめます。

ほうじ茶のフレーバーがするジンや、わさび入りの乙な味がするジンなど、様々な和のジントニックを味わえます。

国産レモン、柚子、文旦、八朔《はっさく》など、ありとあらゆる柑橘の皮をウオッカに漬けた自家製のお酒が人気です。

DATA

電話 03-3356-4526 営業時間 19:00～翌2:00、土曜19:00～24:00 料金 ウィスキー900円～、カクテル1000円～ほか 休み 日曜 アクセス 東京メトロ丸ノ内線四谷三丁目駅より徒歩5分、都営地下鉄新宿線曙橋駅より徒歩3分 住所 新宿区荒木町9美舟ビル201 HP https://komaiya.business.site/

おでん小林《おでんこばやし》

夫婦で営むおでん屋
奥さんがきものでお出迎え

元競輪選手の大将と、いつもきもの姿の女将の夫婦で商う、カウンター９席のおでん屋さん。「本日の芋」はお値段が「時価」という、こだわりメニュー。他にも定番から変り種まで揃います。

大根は３日煮込むとのこと。だから、いつも柔らか。昆布の色が鮮やかな緑色をしているのは、胴の鍋で仕込むから。

小さい頃、日本舞踊を習っていたので、きものは身近だったそうです。旦那さんに「きものでお店に立ってほしい」と言われたんですって。

DATA

電話 03-3834-7039 営業時間 17：00～23：00（LO.22：30）、土曜・祝日17：00～22：00（LO.21：30） 料金 おでん1つ150円～、一品料理500円～、「おでん屋の茶漬け」500円ほか 休み 日曜、第1月曜 アクセス 東京メトロ日比谷線仲御徒町駅より徒歩5分、JR御徒町駅より徒歩8分 住所 台東区東上野1-14-9 中島ビル1階 HP －

part 5

浅草

東京の下町を代表する浅草は、
浅草寺の門前町です。三社祭や
ほおずき市をはじめとする風物
詩は今も盛ん。日本情緒を求め
て、今も昔も観光客の絶えない
人気スポットです。きものを着
て人力車に乗り、浅草巡りをす
るのもいいかも。

浅草散歩

ピックアップ きものコーデ

きちんとさん

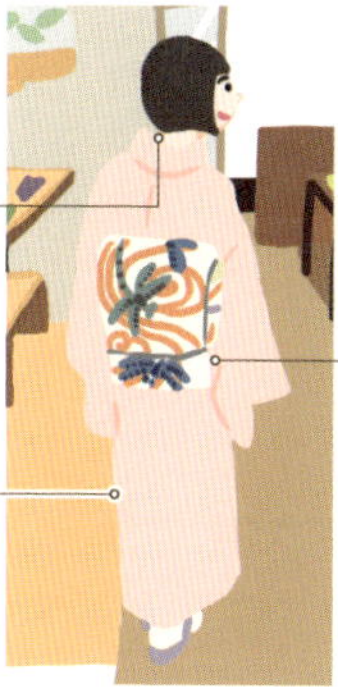

きものに似合う前下がりのボブは、片方を耳にかけてもすてき

薄い生地のきものは後ろが透けることも。インナーは大事！

大胆な柄の帯には、あえてシンプルなきものを組み合わせて

シンプルなきものに大胆な柄の帯を

アンティークの帯は、布自体が弱っているものが多く、結ぶのにためらうものも少なくありません。そういうときは作り帯！作り方は本などを参考に。

カジュアルさん

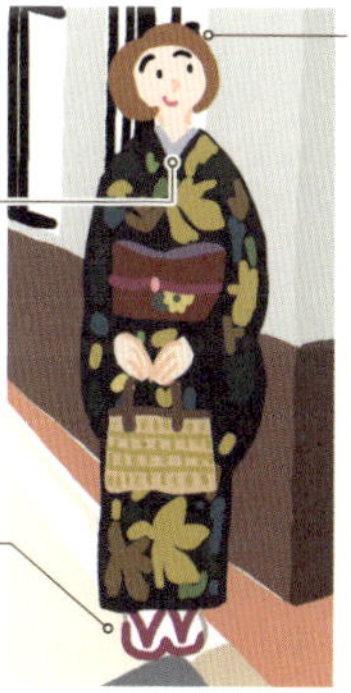

白衿コーデにして、「きちんとさん」に変化させるのもあり

草履の色を地味にすると、雰囲気ががらっと変わってシックに

明るい髪の色もきものの柄とリンクさせると、おしゃれ度がアップ

色数を抑えてトーンを合わせる

どこを一番見せたいかを考えます。この場合はきものの柄。帯まわりの色のトーンをきものに揃えると、きものの柄がより目立つようになります。

和洋MIXさん

麻の色襦袢は年中着られて洗濯もできて便利！

和洋MIXならトートバッグを肩掛けにしても

帯を目立たせるためにベレー帽の色は控え目に

「結ばない帯結び」にチャレンジしてみよう

「結ばない帯結び」が流行中。短くて使えなかった半幅帯も、結ばずたたむだけなら出番も増えます。ひだをとってたたみ、帯締めやベルトで固定するだけ。

起源は飛鳥時代
観音様を祀ったお寺

浅草寺《せんそうじ》

東京といえばココ！というくらいメジャーな観光地。

いつもたくさんの人でにぎわっています。独占した状態で写真が撮りたいなら早朝が狙い目！

きものを着ると他人の目が気になって…という人にこそおすすめのスポットです。混んでいると誰も人のことなど気にしません。堂々と。

江戸城の鬼門（東北）にあたる場所にあり、徳川家康が関ヶ原の戦い前に武運を祈念した記録も残っています。雷門では風神雷神が、寺を守っています。宝蔵門の裏に大わらじが掛けられ、魔物が「こんなにも大きなわらじを履くものがこの寺にいるのか」と驚いて去ったという伝説が。ちなみにこのわらじは、わたしの住む村山市が10年に一度奉納しています。わらじ専用水田があるんですよ。

DATA

電話	03-3842-0181
開閉時間	本堂の参拝は夏季（4～9月）6:00～17:00、冬季（10～3月）6:30～17:00
アクセス	東京メトロ銀座線・都営地下鉄浅草線ほか浅草駅より徒歩5分
住所	台東区浅草2-3-1
HP	http://www.senso-ji.jp/

なめらかで軽い 伝統工芸アクセサリー

ベッ甲イソガイ《べっこういそがい》

鼈甲磯貝
べっこう
小鳥だと一年中使えるのでおすすめ!
おしどりの帯留めはお祝いの席にぴったりです。

白甲《しろこう》
タイマイという亀のおなかの部分。希少価値が高い。
茨布《ばらふ》
背中の部分
ベッ甲細工は、江東区の無形文化財です。
高台寺の許可を得て作ったという、愛敬たっぷりの鳥獣戯画の帯留めとかんざしが人気です。

お父さんと3人息子でベッ甲細工を作っている、職人一家のお店。年に一度、新作をそれぞれ作り発表するそうなのですが、4人ともテイストがおもしろいほど違うんだとか。金具部分がベッ甲になっているので、金属アレルギーの人でもブレスレットやネックレスを楽しめます。

ベッ甲は手触りのなめらかさが心地よく、存在感があるのに軽いのが嬉しいところ。羽織紐にもおすすめです。

DATA

電話	03-3845-1211
営業時間	10:00〜19:00
休み	水曜
アクセス	東京メトロ銀座線・都営地下鉄浅草線ほか浅草駅より徒歩5分
住所	台東区浅草1-21-3
HP	http://www.bekko-isogai.jp/

遊び心満載の
黒くならない銀細工

浅草もり銀《あさくさもりぎん》

たくさんの繊細な銀細工が並んでいます。
「バチが当たらない」などだじゃれのきいたものも多数……
誰かへのお土産も、自分へのご褒美も、見つけやすいお店。

もり銀
根付けやかんざしなど、今日のコーデにすぐプラスできます。

浅草公会堂の隣にある、銀細工のお店で、繊細な彫金の帯留めや根付けがたくさんあります。

社長さんは遊び心が旺盛な方。「バチが当たらないように」という意味を込めて撥《ばち》を三味線から少し離したデザインの根付けや、お酒を注ぐと梅の花が満月の中に浮かぶ盃、ゴルフ好きのためのアイアンとパターの耳かきまで。こちらの銀細工は、黒くなりにくい化学処理をほどこしてあります。

DATA

電話	03-3844-8821
営業時間	10:30〜18:30
休み	不定休
アクセス	東京メトロ銀座線・都営地下鉄浅草線ほか浅草駅より徒歩5分
住所	台東区浅草1-29-6
HP	https://www.asakusamorigin.com/

持ち込みも可
気軽に藍染め体験

染工房 1907

そめこうぼう1907

Some Kobo 1907
↑藍染めの洋服やスカーフなどの小物もたくさんありますよ。

店内にはメーターカットしてくれる阿波しじらもあります。
↑きもの用の上っ張りやかっぽう着に作る分をメーター買いするのもアリ!
染め体験に、トートバッグやTシャツなどの持ち込みも可。

↗染めの柄に使います。
黄ばんだものや、色落ちしたものも藍染めで生まれ変わります。

1907年創業の、のれんや大漁旗を作る北海道の工房が、気軽に染めを体験できるようにと2017年にオープンさせた藍染めのお店です。基本的には藍染めですが、季節によって型染めや草木染もしています。また、作成するのに半日かかりますが、A4サイズの大漁旗を作ることもできますよ。藍の名産地・阿波の織物「阿波しじら」もメーター1200円で販売しています。

DATA

電話	03-5806-4446
営業時間	10:30〜19:00
料金	藍染体験「てぬぐい」3300円、「スカーフ」5500円、引染体験「A4サイズ大漁旗」11000円〜ほか
休み	不定休
アクセス	東京メトロ銀座線・都営地下鉄浅草線ほか浅草駅より徒歩5分
住所	台東区浅草1-21-1
HP	https://www.anbo.co.jp/

きものに必須の手ぬぐいは よい生地＆染めのものを

染の安坊

そめのあんぼう

染の安坊
染の安坊
手ぬぐい
きもので食事をするときに、手ぬぐいは必需品！
サッカー柄や野球柄などなら、スポーツ観戦するときにぴったりです。

一般的に販売されている手ぬぐいは90センチの長さですが、このお店のは1メートルあります。幅は35センチ。目が詰まっていてコシのある「特岡」という生地を使用しています。染めている場所は北海道。大雪山の伏流水（雪解け水）を貯水して、旭川で染めています。よい生地に、よい染め。

このこだわりが使いやすさにつながるんだそうで、実際にお弁当包みやペットボトルホルダー、箱ティッシュカバーなど、いろんな使い方を教えてもらいました。スタッフさんがその都度、包み方を教えてくれますが、「簡単挑戦・安坊直伝」と書かれた紙も店頭に置いてあります。

古典的な柄がある一方で、大胆な柄がやかわいらしい柄もあります。7人のデザイナーがいて、毎月それぞれのテイストの新作が出るんですって。行くたびに、違うものが見られるのはそのため。そのときに着て行ったきものに合わせて、手ぬぐいを選んでも楽しい。購入をためらっているとすぐになくなってしまいますよ

ちなみにわたしは、きもので食事するときに、手ぬぐいは欠かせません。うっかり食べこぼさないよう、衿元や帯を手ぬぐいでガード！ 移動中に居眠りするときも、たたんだ状態のまま首にはさんで、化粧や皮脂が衿に付かないようにしています。

そば柄の手ぬぐいを発見しました！
ふつうのそばバージョンと茶そばバージョンがあります。
1mと長めなのが嬉しい。
三角のおむすび!? 広げると梅やおかかが立派な柄になっています。
おむすび
どこも縫わずに、たたむだけのお弁当包み。箸入れまである！
あずま袋の作り方もぜひ知って〜。

Point

プレゼント用にラッピングもお任せ

手ぬぐいは広げて使うのですが、プレゼントするときはちょっとおしゃれにたたんでみたいもの。スタッフさんに言えば、はんてんの形やお財布の形に、すぐにたたんでくれますよ。

希望の方には手ぬぐいをはんてんの形にたたんでラッピングしてくれます。

DATA

電話	03-5806-4446
営業時間	10:30〜19:00
休み	不定休
アクセス	東京メトロ銀座線・都営地下鉄浅草線ほか浅草駅より徒歩5分
住所	台東区浅草1-21-12
HP	https://www.anbo.jp/

きもの姿のスタッフがコーヒーをいれてくれる店

SUKEMASA COFFEE

すけまさ・こーひー

SUKEMASA COFFEE
この看板を見つけると嬉しくなってしまいます。
あっ!! 帯がマグカップだ!!
いやぁナイスアイデア〜。
SUKEMASA COFFEE
OPEN
赤い和傘のディスプレイと赤い毛せん(敷物)が目印。
この長いすに座って、外での飲食も可能です。

遊園地の「浅草花やしき」を目指してください。デニムきもののスタッフがコーヒーをいれてくれるカフェがあります。オーナーは昔、パティシエをしていたという若い女性。小さい頃からお店屋さんになりたかったのだそうで、「コーヒー、ケーキ、きもの。好きなものを突き詰めていったら今の形になった」ときらきら光る目で、明るく話してくれました。

メニューにある手作りプリンは、昔ながらの、かためでしっかりしているタイプ。甘さを抑えたクリームに加えて、焼いたメレンゲまで乗っています。「手抜きをしないで作っています」という言葉がまた頼もしい。個人的プリンランキングのナンバーワンです。

きものの中は半じゅばん（きもの下着の簡略版）、半衿はファスナー式だそう。デニムのきものを制服にした理由は、「たくさん着たときの使用感がいいから」。他のきものだと、汚れたり傷んだりした感じがみすぼらしくなるけれど、デニムだとそれが味になりますもんね。納得です。

足元は、いつも動き慣れたスニーカー。知らないおばさんに「あなた、もっとちゃんときものを着なさいよ」と叱られたこともあるそうですが、全く気にしないとほがらかに笑っていました。着たいものを着たいように着ていいんです。デニムなどのカジュアルなきものでも、気軽に入れるカフェです。

DATA

電話	03-5830-7763
営業時間	8:00〜19:00
料金	「カルピスラテ」600円、「スコーン」300円ほか
休み	火曜
アクセス	東京メトロ銀座線・都営地下鉄浅草線ほか浅草駅より徒歩8分
住所	台東区浅草2-29-2
HP	https://sukemasa.tokyo/

Point

隠れた撮影スポットが足元に

入り口にある赤い毛せんが敷かれた長いすに座り、窓にディスプレイされた和傘とともに記念写真を撮る人が多いようです。でも実は、レジ前の足元に撮影スポットがあるんですよ。

和装姿で持ち歩きたい
良質の紙と布グッズ

紙と布

かみとぬの

自分がいいと思ったものだけを置くというだけあって、おしゃれな色の紙と手ざわり肌ざわりのいい布がたくさん!
定番の古典柄なのに、色合いを工夫しただけで新鮮な感じがする、店オリジナルの折り紙。↓
ORIGAMI
リネン100%のハンカチなんて珍しい!
これで拭いたら手が喜びそう〜。

店名のとおり、紙と布が並びます。一瞬、安直にも見える名前とは裏腹に、「えっ、こんなのがあるの?」と、つい手に取りたくなるものばかり。色の組み合わせがおしゃれなリネンのハンカチも。綿のハンカチはどこにでもあるけれど、麻のハンカチまで! お店に並べるかどうかの基準は、自分がいいと思ったもの、ぴんと来たもの。旦那さんが紙担当で、奥さんが布担当なんだそうです。

DATA

電話	03-5832-9671
営業時間	11:00〜18:00
休み	水曜
アクセス	つくばエクスプレス浅草駅より徒歩3分
住所	台東区西浅草2-23-9
HP	http://kamitonuno.com/

モダンなきもの女子が
集うカフェ＆バー

西浅草 黒猫亭

にしあさくさ　くろねこてい

店主さんはいつもきもの。
白いエプロンが似合います。日本酒と
きものと小説家の横溝正史が
好きなパティシエさん。
好きなものを集めたお店だそうです。
木製の帯留めと帯締めが合体した
「ウッド帯締め」もお店で購入可。

アルコール入り！
「大人のクリームソーダ」
ふつうの
クリームソーダ
季節で色が変わったりする
遊び心もすてき……☆
黒猫の
「ふちネコ」
で遊べ
ます。
「伊根満開」という
日本酒がベース。
手作りケーキも人気です。

西浅草 黒猫亭

黒っぽいコーディネートに白いエプロンがトレードマークの店主のたたずまいが魅力的で、なんだか映画のワンシーンのよう。そんな店主が作るクリームソーダは、桜が咲いたらピンク、雪が降ったら限定で白になります。「大人のクリームソーダ」は、赤色の日本酒「伊《い》根《ね》満開《まんかい》」をベースにしたデザートカクテル。甘くないケーキを肴にするのが黒猫亭流。日本酒ケーキやプリンなども用意しています。

DATA

電話	非公開
営業時間	水・木曜19:30〜22:30(LO.22:00)、金・土・日曜12:00〜20:30(LO.20:00)
料金	「大人のクリームソーダ」1200円、「プリン」450円ほか
休み	月・火曜
アクセス	つくばエクスプレス浅草駅より徒歩5分
住所	台東区西浅草2-9-1
Twitter	https://twitter.com/n_kuronekotei

和モダンな店内
きもの姿で職人体験

浅草《あさくさ》 飴細工《あめざいく》 アメシン《あめしん》 花川戸店《はなかわどてん》

和テイストの店内で、江戸時代から続く伝統の技に触れられます。

今にも泳ぎ出しそうなキラキラの金魚

つやつやの新鮮なイカ

これがあめ!?と驚きます。……がこれは工房代表の作品。初心者はとりあえずうさぎからスタートするとのことです。

ひとりで行くより友人や仲間と行くのがおすすめです。

あめ細工体験は、きもののままで大丈夫ですよ。

飴細工は江戸庶民も親しんだ伝統技術。こちらのお店では、作務衣に身を包んだスタッフさんがその技術を教えてくれます。きもので行っても大丈夫！　お店は和の雰囲気なので決して浮きません。

正直言って、わたし、少しだけ自信があったんです。そう、熱々（70度くらい）の飴が手渡されるまでは……。作るのはうさぎです。犬や鳥を作りたいとか思うのですが……やってみればわかります。無理ですね。なぜ、うさぎを作るのか職人のスタッフさんに聞いたら、「耳を大きくさえすれば、うさぎに見えやすいから」という理由でした。弟子入りすると最初にうさぎで練習するのだそうです。

熱々の飴はすぐに冷えて固まるので手早さが勝負の要です。わたしは友人と2人で体験したのですが、隣のテーブルは会社の同僚4人組。向かいのテーブルは親子3人組と女子の4人組。2回練習して本番を迎えるのですが、あちこちから次々と「ぎゃー、耳なのか足なのかわかんなくなるぅ」「しっぽどこ行ったー」「うさぎじゃなく豚になってきた」「うわぁ前足骨折した」など次々と戦況報告が。

　わたしも、1回目はうさぎどころか生き物にすらならず、笑いすぎて涙が出てきました。それでも3回目でどうにかこうにか完成して、ほっとひと安心。さて、次は誰と行こうかな。

DATA

電話	080-9373-0644
営業時間	10:30〜18:00
料金	体験教室　大人3000円ほか（要予約）
休み	木曜
アクセス	東京メトロ銀座線・都営地下鉄浅草線ほか浅草駅より徒歩7分
住所	台東区花川戸2-9-1
HP	http://www.ame-shin.com/

Point

出来上がった飴はそっと持ち帰ります

白くて耳が長い。しっぽは丸い。シルエットのわかりやすさに加えて、赤い目を描けば、なんとなくうさぎとして見えるんだな、ということがわかりました。次回はもっと上手に作るぞ。

乙女心くすぐるスイーツに華やかなきものを合わせて

浅草 よろず茶屋 444

あさくさよろずちゃや４４４

とろ〜りふわふわ
チーズたっぷりのパンケーキ!
メロンもいちごも、これでもか!というくらい乗っています。
キュートなお店に合わせて、きものの柄を多少派手にしてみても。フルーツモチーフの小物も、今が出番です!

フルーツ山盛りのかき氷やパフェで予約必至のお店。メロンもいちごも、惜しみなく重ね飾られて崩壊寸前かと驚くほど。目の前に置かれたら、思わずキャーッて黄色い声が出ちゃいます。

季節によっては、整理券が配られる場合もあります。キャンセル待ちや予約状況は、ＳＮＳでチェックを。ふわふわとろーり、チーズたっぷりパンケーキもおすすめです。

DATA

電話	03-5808-9408
営業時間	12:00〜18:00(LO.17:00)
休み	月曜(祝日の場合は翌日)
アクセス	東京メトロ銀座線・都営地下鉄浅草線ほか浅草駅より徒歩15分
住所	台東区浅草4-4-4　1階
HP	https://r.goope.jp/asakusayorozu

日本の職人技を
身近に感じられる

ちいさな硝子の本の博物館

ちいさながらすのほんのはくぶつかん

墨田区のもの作りを体験。きものにも通じる職人の粋を感じられます。

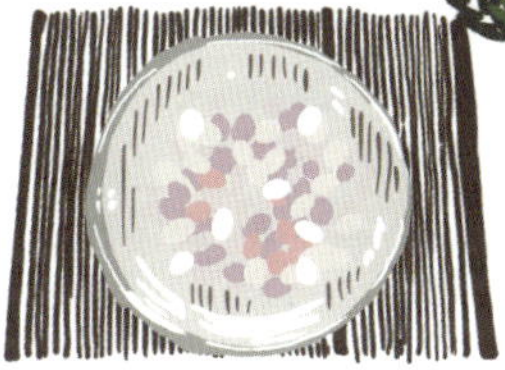

購入したガラス製品に加工します(リューター体験)。
絵に自信がなくても、
型の見本がたくさんあるので安心です。

「手作りガラスの魅力を伝えたい」という願いからオープンした博物館。世界中から集められたガラスの専門書や資料など約850冊が並べられており、自由に閲覧可。リューターという器具を使って、ガラスの表面に模様を描く体験もできます。用意されたサンプルの模様もたくさんありますが、せっかくすてきな資料がたくさんあるのだから、世界中の本を参考にしたいですね。

DATA

電話	03-6240-4065
営業時間	10：00〜19：00、火曜・祝日11：00〜18：00
料金	入館は無料、「リューター体験教室（ガラス代込み）」2322円〜ほか
休み	月曜（祝日の場合は翌日）
アクセス	東京メトロ銀座線浅草駅より徒歩6分、都営地下鉄浅草線本所吾妻橋駅より徒歩3分
住所	墨田区吾妻橋1-19-8矢崎ビル1階
HP	http://glass-book.jugem.jp/

150年も前の蔵で
和のイベントが！

Gallery éf

ぎゃらりーえふ

お店の奥に、150年前の蔵があります。これはもともと材木商の蔵だったそうで、座敷は京間、柱はヒノキというこだわりの造り。太い梁には「慶四戊辰年八月吉日」と墨で書かれてありました。1868年ということですね。

つやつやと光る床は、東京藝大で漆の勉強をされた漆作家さんから、「1階は黒い漆の床に、2階は赤い漆の床に塗りたい」と申し出があって、それならばとお願いしたのだそうです。漆塗りの床を歩くという、めったにない体験ができました。艶やかで、しっとりしていて、実に心地のいい床です。

1998年に文化庁登録有形文化財に登録されています。

この蔵、関東大震災のときも東京大空襲のときも焼けずに残ったんです。浅草・松屋デパートの屋上から見た景色の写真がパネルになって飾られているのですが、ここの蔵が焼野原の中に、けなげにもきちんと立っているのが見えました。蔵は江戸時代には土蔵のものが多かったそうですが、昭和5（1930）年にはその蔵はほとんど石蔵に建て替えられてしまったのだとか。

今は蔵の防音力と反響力を利用して、琵琶やバイオリン、落語や朗読など、さまざまなイベントが開かれています。会場が蔵ですから、きもの姿ならマッチするはずですね。歴史を感じながらの芸術鑑賞、おすすめです。

お誕生日の申し出が
あれば、蓄音機で
味わい深いバースデーソングを
流してくれます。
コーヒーは
まずブラックを
オーダー。
ランチメニューに外れなし。
「ブラックのち
生クリーム」が
おすすめです。
※生クリームは、「言えば出てくる」(!)
というシステムになっています。

DATA

電話	03-3841-0442
営業時間	11:00〜18:00（水曜は〜23:00、金・土曜は〜24:30）
料金	「オムライス」860円、「コーヒー」590円ほか
休み	火曜、臨時休業、夏・冬期休業
アクセス	東京メトロ銀座線・都営地下鉄浅草線ほか浅草駅より徒歩1分
住所	台東区雷門2-19-18
HP	http://www.gallery-ef.com/

Point

看板猫すずのすけに会えたらラッキー

看板猫がいる、と聞いていたのですが見当たらず、会計を済ませてから「あのぅ、看板猫のすずのすけ君は……」と聞いてみました。すると、2階の事務所から連れて来てくれました。

part

5 浅草

老舗料亭の手土産として
生まれた浅草の名物菓子。
お土産に！
浅草5
浅草7
浅草3
かりんとう
小桜
11
カウンター越しに
おにぎりを握ってくれる、
東京で一番古い専門店
菓子工房
ルスルス
浅草6
リバーサイド
スポーツセンター
宿六
乙女心をくすぐる
かわいらしい菓子を
購入できる小さな洋菓子店
言問通り
浅草観音堂裏
馬道
浅草で200年続く老舗。
数十種類のみそ樽が並び、
まるでタイムスリップしたかのような感覚に
隅田公園
浅草
花やしき
2
浅草
神社
言問橋西
万久
味噌店
10
7
台東館
二天門前
言問橋
東参道
首都高速向島線
浅草寺こども
図書館
伝法院
浅草小
隅田川
米ぬか、酒かすなどを使った和コスメショップ。
店内と商品は大正ロマンをテーマにしている
牛嶋神社
言問橋東
浅草2
4
浅草駅
よろし化粧堂
6
3
5
隅田公園
1
雷門
雷門通り
雷門
東武スカイツリーライン
吾妻橋
墨田区役所
ビール片手に、晴れた日には
遠く関東の山々も見渡せる
展望ラウンジ
浅草駅
13
吾妻橋
墨堤通り
源森橋
アサヒビールタワー
アサヒスカイルーム
三ツ目通り
12
浅草駅
浅草通り
都営浅草線
駒形橋西詰
本所吾妻橋駅
駒形橋
清澄通り

金竜小
金竜小学校前
言問通り
区立
中央図書館
西浅草3
かっぱ橋道具街通り
行列必至の人気店。
旬の果物を使った
ぜいたくなパフェをぜひ
浅草
ビューホテル
フルーツ
パーラー
ゴトー
47都道府県のこだわりグルメ、
雑貨などを一堂に集めた商業施設
合羽橋
8
1964年オープンのアットホームな寄席。
落語、漫才、コントなどを365日楽しめる
まるごと
にっぽん
浅草演芸ホール
電気館
浅草駅
浅草
ROX
9
ROX・
3G
合羽橋南
本山
東本願寺
日本庭園を眺めながら
会席料理を堪能できる。
風情ある和風建築にきものはぴったり。
お得なカフェタイムもあり
浅草 茶寮 一松
つくばエクスプレス
国際通り
浅草
郵便局
西浅草1
田原町駅
寿4
田原小
浅草通り
東京メトロ銀座線
N
0
200m

Column

きものイベントに出かけよう

壱

きものサローネ

毎年秋に開催される きものの祭典

話題のきものから和小物、和雑貨まで、100を超えるショップが立ち並びます。職人の実演や染めの体験会などもあり、きものについて楽しく学べるイベントです。きものマニアにはたまらない数日間ですが、きもの初心者でも大いに楽しめますよ。

ランウエイイベント「TOKYO KIMONO COLLECTION」では、JOTARO SAITOなど一流デザイナーによる本格的なファッションショーも。

DATA

開催年により、期間と会場、内容は変わります。下記 HP をご確認の上、お出かけください。

HP https://kimono-salone.com/

【2019 年の開催情報】 期間 2019 年 10 月 4 〜 6 日 料金 1000 円 会場 10 月 4 〜 6 日：YUITO（日本橋室町野村ビル5・6階）、10 月 4 日：COREDO 室町（日本橋三井ホール5階） アクセス 東京メトロ銀座線ほか三越前駅より徒歩1分、JR 新日本橋駅より徒歩3分

東京キモノショー

ゴールデンウイークは東京に集合〜！

これからきものを始めてみたい人必見のイベントです。「キモノファッションショー」や邦楽演奏、トークショーなどステージイベントが充実。きものだけでなく、日本の伝統文化も体験できます。

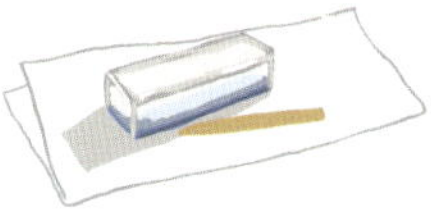

毎年開催される趣向を凝らした茶会は大人気。お菓子の美しさにも魅了されます。

洋服での来場も大歓迎！　とのこと。実際に洋服のお客さんも多いので気軽に行ける雰囲気です。

DATA

開催年により期間と会場、内容は変わります。下記 HP をご確認の上、お出かけください。

HP　http://tokyokimonoshow.com/

【2020 年の開催情報】　期間　2020 年 5 月 1 〜 5 日（予定）　料金　前売り 1200 円、当日 1500 円ほか

会場　ベルサール東京日本橋（東京日本橋タワー B 2）　アクセス　東京メトロ銀座線ほか日本橋駅直結、東京メトロ銀座線ほか三越前駅より徒歩3分、JR 東京駅より徒歩6分

part 6

千駄木・根津

昔ながらの下町情緒を楽しめて、神社仏閣や旧跡も多くあることから、お散歩コースとしても人気のエリア。きものがとてもよく似合う街並みでもあります。千駄木・根津に谷中を合わせて「谷《や》根《ね》千《せん》」とも呼ばれています。

千駄木・根津散歩

ピックアップきものコーデ

きちんとさん

髪飾りは低めの位置に付けるとエレガントな印象に

袖が襦袢と合わないなら、最初から半襦袢を着るというのもあり

いかにも和装用、というバッグを持つことで、きちんと感を演出

アンティークの小紋 袖が長くても臆せずに！

柄が大きく華やかなアンティークきものは憧れの的。臆せず着て。ただし、糸が弱っていることもあるので、柔らかいソファーに座って自分の体重で裂けないよう固い椅子を選びましょう。

カジュアルさん

白地のきものはレフ版の効果もあって、肌がきれいに見える！

黄色い帯締めを組み合わせることで、明るく楽しげな印象に

下駄はゆかた専用と思っている人がいますが、一年中OK

猫好きにはたまらない 黒猫の名古屋帯

猫柄の帯に花柄の小紋を合わせると、猫が花畑で遊んでいるように見えて楽しげ。無地のきものに猫柄帯を合わせるなら帯留めを魚にするのもおもしろいです。

和洋MIXさん

小物を黒で統一させた、かっこいい系コーデ。口紅は赤がおすすめ

つばが広めの帽子は、目深にかぶっても浅くかぶってもさまになる

金具の付いた編み上げブーツは、裾が切れることもあるので注意

両手が開くので ななめがけバッグは楽ちん

ななめがけバッグは肩ひもの長さがポイント。手がちょうど底に触れるくらいの長さに調整しておくとなランスがよく、物を取り出すときにも便利です。

立ち並ぶ赤い鳥居にドキドキ
絶好のフォトスポット

根津神社《ねづじんじゃ》

ツツジの名所ですがその他の季節もいいですよ。秋が深まればイチョウが見事に色づきます。
朱塗りの鳥居が並ぶ「千本鳥居」は、同じ赤でも少しずつ違うのがおもしろいです。きもの姿で撮影すれば見栄え抜群!!
納
奉

1900余年の歴史を持つ古い神社です。社殿など7棟が国の重要文化財に指定されていて、境内は荘厳な雰囲気。歴史小説などにも「根津権現」という名でよく登場します。赤い鳥居がたくさん続く「千本鳥居」は、写真スポットとしても人気です。ただし、写真を撮るときは表側からにしてくださいね。この手の鳥居は、裏側に奉納した会社の名前や個人の名前が大きく書かれているのです。

DATA

電話	03-3822-0753
開閉時間	6:00〜17:00(11〜1月)、6:00〜17:30(2月)、6:00〜18:00(3月)、5:30〜18:00(4・5・9月)、5:00〜18:00(6〜8月)、5:30〜17:30(10月)
アクセス	東京メトロ千代田線根津駅・千駄木駅より徒歩5分、東京メトロ南北線東大前駅より徒歩5分
住所	文京区根津1-28-9
HP	http://www.nedujinja.or.jp/

きものの企画展が
ツボをついてくる

弥生美術館／竹久夢二美術館

やよいびじゅつかん／たけひさゆめじびじゅつかん

夢二はモデルをつぶさに観察して描いたことが、絵を真近で見るとよくわかります。

夏帯の重なっていないところは色が薄い！

夏物の袖付けのところは柄の色が違う！

竹久夢二の名を聞いたことがある人なら、「あっ、これ知ってる！」となる絵がたくさん展示されています。
色の組み合わせなど、実際のきものコーデの参考になりますよ〜。

併設カフェのアートラテで休憩。このラテのシルエットも、やはり夢二のイラストから。

東京都文京区弥生にある美術館で、東京で活躍した宮城県出身の弁護士・鹿《か》野《の》琢《たく》見《み》によって作られました。弥生美術館と竹久夢二美術館は別棟ですが隣り合っていて、連絡通路で行き来ができます。入場券も1枚あれば、どちらの美術館も見られますよ。夢二の作品は、きものを着ている女性が多いことから、アンティークきものやきものの着こなしなど、楽しい企画展が多く開催されています。

DATA

電話	弥生美術館 03-3812-0012、竹久夢二美術館 03-5689-0462
営業時間	10：00〜17：00（入館は閉館30分前まで）
料金	一般900円ほか（両館とも鑑賞可）
休み	月曜（祝日の場合は翌火曜）、展示替え期間、年末年始
アクセス	東京メトロ千代田線根津駅より徒歩7分、東京メトロ南北線東大前駅より徒歩7分
住所	（弥生美術館）文京区弥生2-4-3、（竹久夢二美術館）文京区弥生2-4-2
HP	http://www.yayoi-yumeji-museum.jp

和菓子と日本酒の
競演を味わう

和菓子《わがし》
薫風《くんぷう》

常に5種類のあんが用意されています。
どら焼きに合う日本酒!!
にいだしぜんしゅ
旬を大切にする気持ちは、きものの世界と通じるものがあります。
甘さ控えめで素材の味が生かされています。
おすすめはレモンなどの柑橘系。
日持ちはしません!

DATA

電話	03-3824-3131
営業時間	13:30～20:00、土・日曜～19:00
料金	「和菓子と日本酒のセット(イートイン)」1080円ほか
休み	月･火曜(定休)、土･日曜(不定休)
アクセス	東京メトロ千代田線千駄木駅より徒歩3分、東京メトロ南北線本駒込駅より徒歩12分
住所	文京区千駄木2-24-5　1階
HP	https://www.wagashikunpu.com/

「どら焼きと日本酒の組み合わせ?」と、最初は驚きました。通常のお菓子はお茶の「苦み」と組み合わせますが、ここの和菓子は日本酒の「甘み」とマリアージュさせるため、甘さは控えめです。香ばしい皮と、果物の香りがするあん、そこに口当たりのいい日本酒の数々。最高です。季節によってあんの種類は変わりますが、さくらんぼ、りんご、レモン、いちじく、ぶどうなど5種類は用意されています。

和装ライフを彩る
伝統の千代紙

菊寿堂いせ辰
谷中本店

きくじゅどういせたつ　やなかほんてん

遠方から来た人が
お休みだとがっかりするから
という理由で 年中無休なん
ですって。
上

豆封筒50枚
(たて型25枚・横型25枚)
豆カード100枚が入った
「豆だより」は 海外の方
にも大人気!

木版画」千代紙の中で
わたしが一番好きな柄は
「おふく百姿」。100人もの
おふくがのびのびと暮らしを
楽しんでいます。

寿
千代紙の柄を布にうつし
た小風呂敷も定番。
ご祝儀を包むものも。
お弁当も包めます。

江戸末期創業の老舗で、江戸千代紙やおもちゃ絵の版元です。絵師、彫り師、摺り師の3人が揃わないと、千代紙は出来上がりません。千代紙とは、伝統的な柄を、厚みがあってしなやかな奉書紙《ほうしょがみ》に、木版手刷りしたもののこと。小さいカード「豆だより」を買いました。メールなどで簡単に連絡できる昨今ですが、宅配便の添え状は今も健在。紙一枚でも、相手を思うあたたかなひとひらになります。

DATA

電話	03-3823-1453
営業時間	10:00〜18:00
休み	なし
アクセス	東京メトロ千代田線千駄木駅より徒歩5分
住所	台東区谷中2-18-9
HP	https://www.isetatsu.com/

帯留め・帯締め用も
見つかる桐箱専門店

箱義桐箱店
谷中店

はこよしきりばこてん　やなかてん

創業は明治元年。桐箱の専門店です。
桐箱に入れたいものを持参する方も多いようです。
帯留め用にコレいいわぁ。
↑帯揚げや半衿を入れるのにちょうどいい大きさ。
帯締め用になりそうなトレイ。

創業明治元（1872）年の桐箱専門店。本店は箱だけですが、谷中店では、乾きが早くて軽いと人気の桐まな板や、錫《すず》で出来た蚊やり、彫金のお香立て、グラスや瀬戸物など、「桐箱に入れたくなるもの」も取り扱っています。

そのディスプレイの仕方がスタイリッシュ。いいものを、よりよく見せるために必要なのは、シンプルな空間です。お花を活けても、その周りが散らかっていたらきれいに見えないのと同じ。ここは、箱でも紐でも、すべてがわかりやすく置いてあります。お店の雰囲気を一言で表すならば「端正」。ほのかに桐の香りも漂って、森林浴をしているような気持ちになりました。

桐は木だと思っていました。木と同じと書いて桐となるように、実は草の仲間なのだそうです。湿度が高くなると膨張し気密性を高め湿気が入り混むのを防ぎます。逆に乾燥したときは自身の水分を放出します。高温多湿の日本に最適の入れ物なのです。

「これを入れたいんです」とプレゼントしたいものを持参した男性がいました。実はわたしも、抹茶用の茶碗を入れる桐箱が欲しかったのです。行けばなんとかなると思っていました。ところが、桐箱の種類は数多く、高さは？ 内寸は？ 結局、実物を持って来て合わせないと選びきれないのです。近々、茶碗持参でリベンジします。

柄が入った桐箱
この中に仕切を別オーダーして小物入れにするという手もアリ。
店内には箱だけでなく、「箱に入れたくなるもの」もたくさんあります。
郷土玩具や縁起もの、瀬戸物やグラスなど……
大切な物を収納するなら桐箱が一番。誰かに何かを贈るときも桐箱入りがおすすめ。

Point

桐箱のイメージをいい意味で覆す！

寒い地域で育った桐は、年輪が詰まってきて密度が高くなるのだそうです。だから丈夫で軽いんですね。伝統イメージの強い桐箱に、ポップなペイントをした商品も！ その発想はなかった！

桐箱の上からポップなペイント！桐箱のイメージが大きく変わりました。

DATA

電話	03-5832-9811
営業時間	10:30～19:00
料金	「三段引出し」5635円～、「マス箱」3726円～ほか
休み	木曜
アクセス	東京メトロ千代田線千駄木駅より徒歩4分
住所	台東区谷中3-1-5
HP	https://hakoyoshi.com/

作家魂を感じられる
織物アトリエ＆ショップ

織物工房 le poilu

おりものこうぼう　る・ぽわる

ORIMONO KOUBOU
le poilu

織物作家さんが店主です。きものに合わせたくなるテイスト！
スイスの山に狭まれた谷の細長い町をイメージしたショール、その名も「山あいの村」。すてきな会話が聞こえてきそうな味わい深い作品を見せてくださいました。
織物の体験レッスンはコースター、ミニマット、マフラーから選べます。

わたしはきものや和雑貨に限らず、物作り愛にあふれた人や物に出会うのが大好き。ここは、まさしくそんなお店で、にこやかな織物作家のミヤさんが店主です。

1階は雑貨がメイン。「作り手のことを伝えたい」という気持ちでお店を始めたそうで、その熱量は並じゃありません。たとえば、硬すぎる木材を加工して食器を作れるようになったという製作秘話など、たったお皿1枚でも「これは……」ととても楽しげに話してくれます。その明るい口調に、聞く側もつい引き込まれてしまうんですね。たしかに、物ひとつひとつのストーリーを知って使うのと、知らないで使うのでは違いますね。

2階ではミヤさん自身の作品を販売。また、「織物が楽しい体験レッスン」も開催しており、それは1階で行われています。

1階で情熱的に話していたミヤさんも、2階では表情がちょっときりっとした感じ。商品と作品は違い、商品はお客さんの声に応えるように作られているけれど、作品はこんな想いを届けたいというミヤさん自身の気持ちの表現なのだそう。「10年後20年後も手元に残る、いいものを作りたいんです」と語るミヤさん。「こうして自分が生きていられるのも、いろいろな人が働きかけて道具を作ってくれているからですね」とまっすぐな瞳で話してくれました。

トーストと一緒に
目玉焼きが
作れるお皿
サオの木のカトラリーは
インドネシアの間伐材。
硬い木で加工が難しいのですが、
三重県の森を育てるための
プロジェクトで生まれたんですって。
アヒルちゃんの
おしょう油さし
ハリネズミの
ソルト&ペッパー
お腹から補充
します。
ビーチの木のお皿
は、油汚れにも
強く、カレーや
パスタにぴったり。

DATA

電話	03-5834-8393
営業時間	11:00〜19:00
料金	「体験教室（コースター、ミニマット、マフラー3コース）」4860円
休み	火曜
アクセス	東京メトロ千代田線千駄木駅より徒歩3分
住所	文京区千駄木2-35-6
HP	https://le-poilu.com/

Point

仕事道具にもなるカトラリー

木そのものは硬いけれど、手にしっとりとなじむ感じが心地いい、インドネシア産サオの木のバターナイフは、着付師におすすめ。胸元や背中のしわを伸ばす仕事道具のヘラになります。

足袋を洗うのに便利な束子もある

亀の子束子 谷中店

かめのこたわし　やなかてん

何を洗いたいのか、タワシコンシェルジュに聞いてみてください。
背中？足袋？
ゴボウ？
トマト!?

店の前に大きいタワシがぶら下がっていたら、営業中です。

カメノコタワシ

ミニタワシのキーホルダーは、ぎゅっと握るとツボ押しみたい。気持ちよくていやされます。
ぎゅ〜

何を洗うのか、このお店の束子コンシェルジュに聞いてみてください。野菜を洗うとき、皮を食べるのか、皮をむくのか。皮を食べるなら、やさしく洗う棕櫚《しゅろ》、皮をむくなら硬めのパーム束子（ヤシ素材）。足袋を洗うならパームがいいそうです。ボディブラシなら肌質に合わせて選び、マッサージするように使うといいそうですよ。この世のもので、束子で洗えないものはないんじゃないかと思えてきます。

DATA

電話	03-5842-1907
営業時間	11：00〜18：00
料金	「亀の子束子」399円〜、「キーホルダー」648円〜ほか
休み	月曜（祝日の場合は翌火曜）
アクセス	東京メトロ千代田線千駄木駅より徒歩6分
住所	台東区谷中2-5-14　C店舗
HP	https://www.kamenoko-tawashi.co.jp/

きものリサイクルのアイデアに脱帽！

雑布きんじ

ざっぷきんじ

きんじ
竹細工や彫金、絵本や陶芸、アクセサリーなどを作る友人とのコラボ作品がた〜くさん!!
A4が横に入るバッグ→
古布とタイのシルバーを組み合わせて作ったアクセサリーも。→
骨とう市で布を買って、バッグや小物を作っています。

きものをリメイクした洋服や雑貨を販売しています。ほぼ店主の手作りで、お店の奥に「骨董市で布を見つけては買ってくる」という大量の布のストックが。柿渋《かきしぶ》と藍染《あいぞめ》と半纏《はんてん》の生地を合わせてハンドバッグを作ったり、古布とカレンシルバー（タイ山岳民族カレン族の手作りシルバー）を合わせてアクセサリーにしたり、同じものは二度とできないそう。作家さんとのコラボも楽しいお店です。

DATA

電話	03-5814-1239
営業時間	11:30〜19:00
料金	財布6000円〜、衣服8000円〜ほか
休み	火曜（冬期は不定休）
アクセス	JR日暮里駅より徒歩8分、東京メトロ千代田線千駄木駅より徒歩5分
住所	台東区谷中3-14-3
HP	http://zappukinji.com/

天然氷のかき氷に
和の美意識を感じる

ひみつ堂

ひみつどう

日光の天然氷使用。
白い氷の上に乗る「みつ」の色がやけに鮮やかだと思ったら、店主は元・歌舞伎役者。色の美意識はそこからなのね！
素材のよさを生かして、濃くて満足のいく「みつ」を作るのが店主の楽しみなのだそうです。
「ひみついちご」には一杯あたり1パック以上のいちごが入っているんですって！

秋には秋の、冬には冬の楽しみがある、
これは、きものと同じ！
氷
ひみつ堂
氷

日光の天然氷を使い、みつに手抜きをしない、というのが信条です。果物のシロップはすべて手作りの果汁１００％。濃さと素材のよさが自慢というだけあって、毎日長蛇の列です。店主は、実は元歌舞伎役者。「歌舞伎の色が僕の基本の美意識です」とのこと。歌舞伎役者時代の名前は「笑雪《えみゆき》」。鮮やかな色のみつの乗ったかき氷を食べた人が次々と笑顔になる様子に、いろんな意味で納得です。

DATA

電話	03-3824-4132
営業時間	10:00～18:00(季節により変動するので公式ツイッター@himitsuno132で要確認を)
料金	「ひみつのいちごみるく」1200円、「生ぶどうみるく」1500円ほか
休み	月曜(10～5月は火曜)、8月は月曜も営業
アクセス	JR日暮里駅より徒歩4分
住所	台東区谷中3-11-18
HP	http://himitsudo.com/

天気が良ければ
カゴ類は外にも
盛大に置かれて
います。

きもの生活に合わせたい
使い勝手のいい日用品

谷中《やなか》
松野屋《まつのや》

山ぶどうやアケビ、
竹で編んだカゴには
大量生産では
作り出せない味があり
ます。「道具」として
使い込んでもらいた
いそうですよ。
これで大根をおろすと
おいしいよねぇ

シンプルながらも機能的！
ポケットが深くてたくさん入る
かっぽう着が人気です。

安価な大量生産ではない、でも高級すぎる美術工芸品でもない、その中間のものが、国内外問わずここに集まっています。素朴な日用品だけれど、使い勝手がいいもの、というところが最大のポイント。きものにも使える割ぽう着は、見た目はとてもシンプルなのに、大きいポケットが4つ、小さいポケットが1つと収納力抜群。袖口のゴムが取り換え可能なのも嬉しいところです。

DATA

電話	03-3823-7441
営業時間	11:00〜19:00、土・日曜、祝日10:00〜19:00
料金	「あけびかご」21600円〜、「かっぽう着」8640円ほか
休み	火曜（祝日の場合は営業）
アクセス	JR日暮里駅から徒歩3分、東京メトロ千代田線千駄木駅より徒歩7分
住所	荒川区西日暮里3-14-14
HP	http://www.yanakamatsunoya.jp

大正時代の建物に
溶け込むきもの姿

旧安田楠雄邸庭園

きゅうやすだくすおていていえん

調度品や季節のしつらいに感動します。
住んでいるような気持ちになって楽しむのもアリ。

大正時代に建てられた山の手住宅と庭園。関東大震災と空襲から免れたのは幸運でした。ひな祭りや端午の節句には、名工・永徳斎《えいとくさい》の飾りを展示。庭の枝垂桜が咲いたら琵琶が演じられ、夏は障子やふすまを御簾に替え、冬は火鉢を置いて、季節を演出しています。ふすまの引手や照明器具などの細工の緻密さにも驚きます。きもの姿なら、この趣ある建物にぴったりなじみますよ。

DATA

現在工事のため休館中。2019年11月9日再公開予定

電話	03-3822-2699
営業時間	水・土曜10:30〜16:00(受付は15:00まで)
料金	一般500円ほか
休み	夏季・冬季休館日
アクセス	東京メトロ千代田線千駄木駅より徒歩7分
住所	文京区千駄木5-20-18
HP	http://www.national-trust.or.jp/

見た目は銭湯
中は最新アートスペース

SCAI THE BATHHOUSE

すかい・ざ・ばすはうす

こういうアートな空間だからこそ、和洋MIXコーデが映える!いつもよりコーデに冒険心をプラスして出かけてみましょう。

外から見ると、いかにも銭湯、という感じですが、中はアートスペースになっていて、現代アートの最先端に触れることができます。このギャップが面白い!

新進気鋭の日本人アーティストを世界に向けて発信し、ベテランから日本ではまだ知られていない海外のアーティストまでを紹介している、現代美術のギャラリーです。外からの見た目は、いわゆる昔からある銭湯ですが、中とのギャップがすごい。古い建物を残して、そこに新しいものを入れたかったのだそう。美術の聖地・上野が近く、新しいアートを発信するには最高の場所です。

DATA

電話	03-3821-1144
営業時間	12:00〜18:00
料金	入館無料
休み	日・月曜、祝日、展示替え期間
アクセス	JR日暮里駅より徒歩9分、東京メトロ千代田線根津駅より徒歩10分
住所	台東区谷中6-1-23柏湯跡
HP	https://www.scaithebathhouse.com/ja/

part 6

千駄木・根津

8
谷中銀座
9
10
彫塑家・朝倉文夫のアトリエ兼住居を改修した美術館。西洋建築と日本家屋が融合した建物も見もの
朝倉彫塑館
日暮里駅
尾久橋通り
第二日暮里小
尾竹橋通り
HAGISO
築60年の木造アパートを再生した複合施設。カフェやギャラリーを併設
天王寺
京成本線
竹台高
古民家を活用した趣のある建物。全国の作家さんの和の器が並ぶ
韋駄天
5
4
谷中小
JR山手線・京浜東北線
JR常磐線
根岸小前
鶯谷駅前
新たに生まれ変わった築80年の古民家でビールやパンに舌鼓
瑞輪寺
頤神禅院
上野桜木あたり
上野桜木2
鶯谷駅
12
手打ちの二八蕎麦が名物。藍染の暖簾が目印で早朝から営業している
上野桜木
小鯛焼で有名な昭和元年創業の和菓子屋。上野店には喫茶室がある
上野中
鷹匠
丁子屋染物屋
谷中6
桃林堂
東京藝大附音楽高
平成館
明治創業の染め物・洗張店。注染の手ぬぐいが約300種類も並ぶ
言問通り
東京藝大
日本最古の博物館。ゆったりと作品を鑑賞できる常設展がおすすめ
約1万冊もの児童書があり子どもと楽しめる。洋風建築もすてき！
国際子ども図書館
黒田記念館
東京国立博物館
上野高
日本近代洋画の父・黒田清輝作品を展示。昭和3年築のクラシカルな建物も○
根津1
根津の谷
根津駅
東京都美術館
安心安全な自然食料品を扱う。ヴィーガンレストランも併設
上野動物園
国立科学博物館
上野公園
池之端2
国立西洋美術館
きもので西洋の名画と向き合うのもすてき。2016年、世界文化遺産に
上野駅

千駄木小
文林中
千駄木3
11
千駄木駅
駒込中・高
駒込学園前
羽釜で炊いたご飯で
丁寧に握ったおにぎりを
堪能できる
おにぎりカフェ 利さく
第八中
汐見小
3
6
へび道
郁文館高
日本医大
7
千駄木2
日本医大前
1
東京メトロ南北線
本郷通り
不忍通り
東京メトロ千代田線
根津小
文京学院大
東大前駅
第六中
東京大
東京大
2
東京大
N
0
200m

Column

きものイベントに出かけよう

弐

大相撲和装day《おおずもうわそうでい》

年に数回開催！ きもので相撲観戦するとお得

大相撲観戦に行くときのコーデに迷ったら、青赤白黒を意識するといいかも。なぜなら、イラストにある紫色の垂れ幕「水引幕」の四隅を飾る房がこの４色だから。東には青龍を表す青、南には朱雀の赤、西には白虎の白、北には玄武の黒の房が下がっています。

相撲観戦にきものやゆかたなどで来場すると、特典がもらえるという日程限定のイベントです。枡《ます》席には座布団が用意されています。定員は４名。皆できもので観戦すると気分も上がりますよ。

ここがお得！

プロカメラマンによる記念撮影

きもので参加した人は全員、プロカメラマンに記念撮影をしてもらえます。撮影した写真はオリジナルフレームを付けて、データも一緒にプレゼント。ただし先着80組。10時20分からイベント会場で整理券を配ります。

「着付けプラン」利用者は行司さんと特別に記念撮影可能（先着50組）。行司さんの衣裳も着る人によってさまざま。生地や柄、襞《ひだ》の部分など見入ってしまいそう。もちろん、イベントでは自分できものを着て行ってもOK。

きもので来場した人への特典は、トートバッグやがま口、手ぬぐい、タオル、風呂敷、蚊帳ふきん……など。毎回変わります。

優勝力士に贈られる巨大なマカロンは、日仏友好杯の副賞。「ピエール・エルメ・パリ」のマカロンで、直径41センチ、厚さ23センチもあります。これは式典用で、実際に届くのは金箔でコーティングされたひと口サイズの黄金のマカロンなんですって。

DATA

開催年により開催日と会場は変わります。下記 HP をご確認の上、お出かけください。

HP　https://wasouday.jp/

【2019 年の開催情報】　開催日　毎年1・5・9・11 月に開催　会場　両国国技館

アクセス　JR 両国駅より徒歩2分、都営地下鉄大江戸線両国駅より徒歩5分

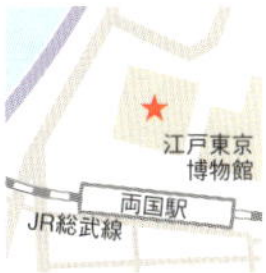

part 7

清澄白河

江戸時代は深川と呼ばれ、時代小説に多く登場する場所です。江戸情緒を感じながらも、気の利いたお店で一休みができます。アートギャラリーとコーヒーショップ、カフェなど現代的でおしゃれなお店が多く、「歩いては休憩」を繰り返したくなる街です。

清澄白河散歩

ピックアップきものコーデ

きちんとさん

麻の葉は成長が早いことから、産着によく用いられた縁起柄

地味な帯をすると老けて見えるので、はっきりした色の帯を合わせて

紺地のきものには、肌がきれいに見えやすいというメリットが

フォーマル感ではなく、カジュアルなきちんとさん

紺地に白半衿というだけできちんと感が出ます。紺色は学生の制服によく用いられているので、まじめな印象を与えるのかもしれませんね。

カジュアルさん

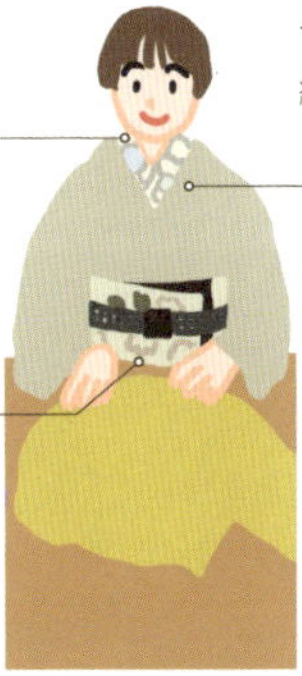

半衿ははぎれでもスカーフでもなんでもOK。襦袢に縫い付けて

半衿をたっぷり見せる着方は、襦袢の着付けにコツが

半幅帯を結ばずにたたんでベルトをするだけの「結ばない帯結び」

見せたいところを考えて最後にベルトを追加

柄半衿と半幅帯をしっかり見せたいなら、きものは無地感のものを組み合わせてバランスを。帯締めにベルトを用いた、ちょっと「和洋MIX」なコーデです。

和洋MIXさん

前髪を斜めにした「耳隠し」スタイルは、レトロ感が出ておすすめ

はっきりした色のきものには、負けずに強い色の帯を合わせてみて

丈が短いアンティークきものは、対丈(おはしょり無し)で着てもOK

襦袢の代わりにブラウスを白ならさらに清楚さもプラス

きものの中にブラウスを着るスタイル。スタンドカラーでも衿付きでもOK。エレガントな雰囲気にしたいなら、ピンタック(ひだ)の入ったタイプがおすすめ。

下駄や草履でも
歩きやすい名園

清澄庭園

きよすみていえん

広い池には大きな石が配置してあって、草履や下駄でも安心して散策することができます。
緑多い場ですので、淡い色のきものや華やかなきものが映えます。
緑色のコーディネートで行くとカメレオン化しますので注意。

江戸時代の豪商、紀伊國屋《きのくにや》文左《ぶんざ》衛門《えもん》の屋敷跡といわれています。その後、享保年間（18世紀前半）の下《しも》総国《うさのくに》藩主の下屋敷を経て、明治に入ると実業家の岩崎彌太郎《いわさきやたろう》より3代をかけ、庭園が造られ、接待や社員の慰安《いあん》に使われたそうです。めまぐるしく時代が変わっても、緑と水を愛でる心は変わらないのですね。関東大震災や東京大空襲のときには、避難場所となって多くの人たちの命を救ったそうです。

DATA

電話	03-3641-5892
営業時間	9:00〜17:00（入園は閉園30分前まで）
料金	一般150円ほか
休み	年末年始
アクセス	都営地下鉄大江戸線・東京メトロ半蔵門線清澄白河駅より徒歩3分
住所	江東区清澄3-3-9
HP	http://www.tokyo-park.or.jp/park/format/index033.html

伝統工芸士がいる
工場で染の体験

近藤染工

こんどうせんこう

染めの現場には
たくさんの染料
が並べられてい
ます。この組み合
わせで、
どんぴしゃ
の色が
作れる
というのがすごい。
職人技です。
無地染の
体験では、
スカーフの他に帯揚げ
も選べます。
こんな色が
欲しかった!
という色にぜひ
挑戦してみては!?

すだれも
染めるんですって!
売り物のスカーフも
あります。
スタイリッシュなカゴ
もこちらの工房の作品。

事前予約すれば、染工場で東京無地染の体験ができます。手ぬぐいやスカーフの他に、地紋の入った白生地の帯揚げもあります。ちなみに、帯揚げの染体験は生地込みで８０００円。欲しかった色を手に入れるチャンスと思うとお得です。体験はだいたい２時間～３時間前後。染めた作品はその場で持ち帰れます。伝統工芸士がいるので、派手になった小紋を染め替える相談も乗ってくれますよ。

DATA

電話	03-3641-2135
営業時間	10:00～17:00
料金	染色体験は一般3000円～ほか
休み	日曜(営業していることもあるので、要事前連絡)
アクセス	都営地下鉄大江戸線・東京メトロ半蔵門線清澄白河駅より徒歩2分
住所	江東区清澄2-15-3
HP	http://kondosenkou.com/

きもので行けば江戸時代に
タイムスリップしたみたい

江東区深川江戸資料館

こうとうくふかがわえどしりょうかん

旦那さんの位牌が入った仏壇
この屏風の奥に、布団が1組たたんで置かれています。
きもの姿で座ると、雰囲気出る〜〜
6畳1間台所と土間付きトイレ共同お風呂は銭湯へ!

三味線の譜面台
文机
化粧道具一式
長屋に一人暮らしをしている、三味線の師匠、「於《お》し津《づ》さん」の家です。
玄関先には猫ちぐらがあります。中をのぞくと…いた!!

江戸時代末期、天保年間の頃の深川の町並みを実物大で再現した、歴史のテーマパークがあります。実際に建物の中に入り、備品に触れられます。八百屋の店先では、季節の野菜やたくあんなどがザルの上に置かれて並べられ、長屋の建具も土間の造りも、ほの暗ささえも、まるでその時代にいるかのよう。屋根から落ちる雨だれも再現されていて、軒下の土が少しへこんでいます。

音響や空（天井）の演出も凝っています。物売りの声が聞こえ、春は桜が舞い、夏は雷が鳴って夕立（もちろん実際には濡れません）、秋は空にいわし雲がわき、冬は雪が降ってきます。

季節ごとに全体のしつらいを変えているそうです。夏は障子を開け放ち、蚊やりや朝顔の鉢が置いてあり、冬はこたつや火鉢に変わります。正月飾り、初午飾り、ひな祭り、端午の節句、七夕、お月見など、年中行事の再現にも力が入っています。長屋の住人のライフスタイルもそれぞれ再現されていて、職人専用の履物や化粧道具など、小道具の設定が実に細かい！　さらに小さな子どものいるところでは、外におしめが干してあり、あさりやしじみを天秤棒でかついで売るのが仕事の政助《まさすけ》の長屋の前には、貝殻が落ちています。

行くたびに変化する江戸の暮らし、これは四季それぞれ体験したくなりますね。

あれなあに？
どれどれ
八百屋さんには季節の野菜が！
お店や家の備品は自由にさわることができます。
物売りの声もリアル！
館内は撮影自由！
天
当時の天ぷらやそば事情も知ることができます。

DATA

電話	03-3630-8625
営業時間	9:30〜17:00(入館は閉館30分前まで)
料金	一般400円ほか
休み	第2・4月曜（祝日の場合は開館）、年末年始、臨時休館日
アクセス	都営地下鉄大江戸線・東京メトロ半蔵門線清澄白河駅より徒歩3分
住所	江東区白河1-3-28
HP	https://www.kcf.or.jp/fukagawa/

Point

小さな祠だけど見守られている感じ

どこの家にも、小さな神棚があり、お札が貼ってあります。仏壇がある家もありました。共有スペースにはちゃんとお稲荷さんもあって、信仰の身近さを感じることができます。

落ち着ける和カフェ併設の茶懐石料理教室

幸菜庵

こうさいあん

和の食文化の楽しさや奥深さを広く知ってほしいと茶懐石、和菓子、松花堂弁当などの料理教室を始めたのだそうです。

きもので働く姿を見てほしい、とのことで、いつもきものに前かけ、たすき姿でテキパキ、きびきび！

オーナー夫婦の温かさが表れている、地元密着型の和カフェです。広い厨房では料理教室も開催していて、その様子はカフェコーナーからも見られます。様子を眺めていたお客様が、料理教室に入会したケースもあったそう。

料理教室は、裏千家茶道准教授でもある奥様の担当。茶懐石料理のコースと和菓子のコースがあります。一日だけの料理教室体験レッスンもありますよ。出汁をとるときのポイントや飾り切りの仕方、塩を入れるタイミングなど、細かく教えてくれます。実食の前に使ったところをきれいに片付けるというのも、この教室ならでは。心構え、茶懐石の心を教えてくれます。

料理教室では、奥様はいつもきものを着て教えています。その理由は、きもので働く姿を見てほしいから。「きものは、わたしにとっては作業着ですが、季節の柄や素材を着分ける楽しさがあります。食材のみならず、四季の変化や豊かさがある茶懐石料理にも反映するものです」とのこと。実のところ、帯が腰のサポートになっているようで疲れにくく快適だそうですよ。

インスタント食品が出回り、時短の料理が主流になりつつあるの昨今、時代の流れとは反するようだけれど、丁寧に料理を作る、片付けの心やマナーも含めて、本物とはどういうことかを教えてくれる教室です。

カフェコーナーでは、出来たての和菓子とコーヒーなどを出しています。
アイスに熱いコーヒーをかけるアフォガート。お好みでハチミツを。
季節の和菓子や葛切り、塩ようかんなどもおすすめ。
ハンドドリップで丁寧にいれるスペシャルティコーヒー！

DATA

電話	03-6458-5572
営業時間	11:00〜18:00(LO.)
料金	「幸菜庵ブレンド(和菓子セット)」850円〜、茶懐石料理教室は体験受講料8800円ほか
休み	月・火曜、臨時休業日
アクセス	東京メトロ半蔵門線清澄白河駅より徒歩3分
住所	江東区白河3-5-13　1階
HP	https://kousaian.com/

Point

おもしろい作家作品も

店内では、千葉から取り寄せている格別においしいハチミツや、和紙で小物を作る作家さん、ひょうたんに穴を開けてランプシェードを作る作家さんの作品などが並べられて販売されています。

きものとコーデさせたい
日傘の専門店

Coci la elle

こしらえる

一点ものの日傘に出合えるお店で、2015年にオープンしました。一本ずつ手描きをしたり、刺繍をほどこしたり、同じものはありません。最近では、オリジナルプリントの雨傘やスカーフ、小物なども創作し、販売しています。

傘は「ハンドル」と呼ばれる持ち手、傘をたたんだときに使う「ボタン」、先端部分の「石突」、雨が傘の先に伝う「つゆさき」、開閉のときに触れる「はじき」、全体の形を形成する「骨」など、いろいろな部分の集合体。それらは分業でそれぞれに職人さんがいます。中国産の傘がほとんどの中、このお店の傘はすべて国産。職人さんたちによる技術もまた集合体です。

開いたら四角になる傘や、フリンジがたくさんついた傘、花のモチーフがふわふわしている傘、総絞りの傘もありました。どれも楽しく、どれも愛らしい。このお店の日傘に使われているボタンはアンティークのボタン。ビーズ細工のものや、木に彫刻がしてあるもの、キラキラしているもの、つるんとしているもの、実にさまざまです。あまりにもボタンがすてきすぎて、ボタンを活かした日傘を作りたくなる、とのこと。帯留めを目立たせるために、あえて帯まわりをシンプルにするコーディネートのような感覚ですね。ここの日傘を組み合わせて、きもののコーディネートがしたくなります。

神戸にもお店があります。
雨用も。

四角い傘！まあ厳密に言えば八角だけど。
絶対に紛失したくない〜〜!!

折りたたみ傘のハンドルを、オプションで選べるというのがまたおもしろい。

DATA

電話	03-6325-4667
営業時間	11:00〜18:00
料金	日傘26000円〜、ハンカチ2200円〜ほか
休み	不定休
アクセス	東京メトロ半蔵門線清澄白河駅より徒歩5分、都営地下鉄大江戸線清澄白河駅より7分
住所	江東区三好2-3-2　1階
HP	https://www.cocilaelle.com/

Point

部品というよりまるでジュエリー

ハンドルは他のものを選んで組み合わせることも可能です。ふだん量産品の傘ばかり見ているので、いろいろな部品を前にして「ここが！　こんな風になるの？」と目をぱちくりさせてしまいました。

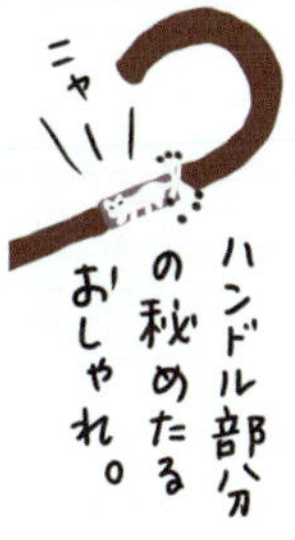
ニャ
ハンドル部分の秘めたるおしゃれ。

都心で気軽に
味わえる日本ワイン

清澄白河
フジマル醸造所

きよすみしらかわふじまるじょうぞうしょ

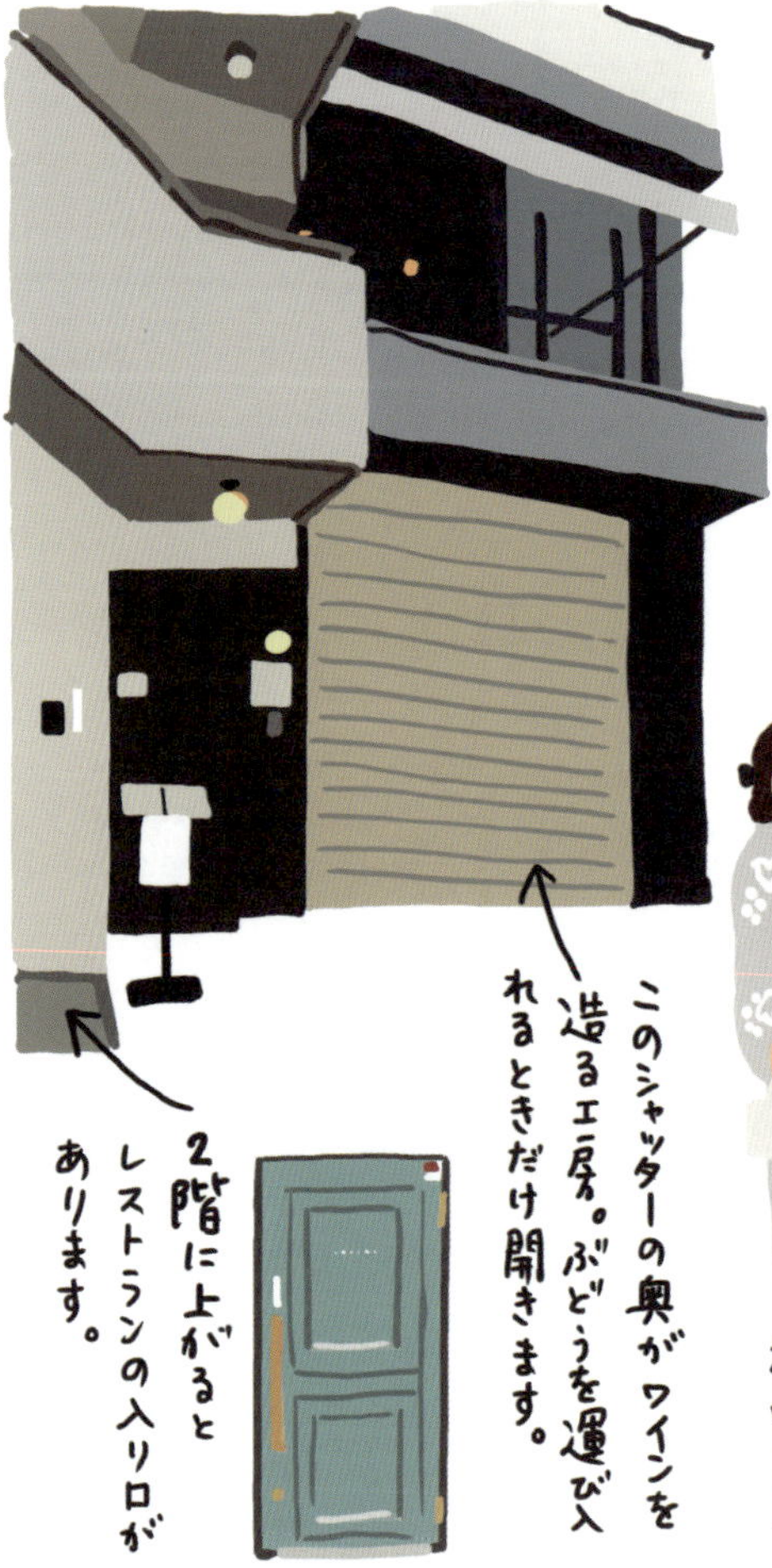
このシャッターの奥がワインを造る工房。ぶどうを運び入れるときだけ開きます。
2階に上がるとレストランの入り口があります。

1tのぶどうが入るポリタンクがたくさん！
レストランでの待ち時間に、ワインを造るところの見学もできますよ。
工房内は常に10～12度。
ひんやりしていました。
並ぶとその大きさに驚きます。

東京でワイン？　と不思議かもしれませんが、「人やものの集まる東京だからこそ、日本各地のぶどうを取り寄せてワインを造ることは不可能ではない。日本ワインをより身近に感じてもらいたい」と、都市型ワイナリーをオープンされたそう。散歩がてら立ち寄れるワイナリーですね。だから、着慣れていないきもの初心者でも入りやすいと思います。

1階が醸造所、2階がレストランで、レストラン利用者は醸造所を見学できます。ただし、一部の作業内容によっては見学できない場合があります。醸造の担当は女性2名。屈強な男性がワイン樽を担ぐイメージだったので、ちょっと意外でした。

1階は常に10～12度に保たれていて、表の大きなシャッターは、ぶどうを運び込むときしか開けません。材料はデラウエアなど国産のぶどうのみで、産地は山形、山梨、千葉、茨城など。毎年盆明けから約10月後半までの間に一年分のワイン2万本くらいを造っています。造るワインは約10種類。味はラベルのデザインで一目でわかるようになっています。

2階レストランでは、1階で造ったワインの他に、世界中のワインが200～300種類揃っています。毎年11月初旬から中旬に開催する「新酒祭り」は飲み放題になるので、楽しみにしているお客様も多いようですよ。

パスタは2人で
シェアして
ちょうどいい
くらいの量。
食べられるお花が
たくさん入った
サラダ
1階で作ったワインたち。
七宝つなぎのラベルの色で
味の雰囲気が表現されて
います。 持ち帰りも可！

DATA

電話	03-3641-7115
営業時間	レストラン11：30～14：00(L.O.)、17：00～21：30(L.O.)／テイスティングルーム13：00～21：30(L.O.)
料金	パスタ・リゾット1800円～、ワイン(グラス)600円～ほか
休み	月・火曜（祝日の場合は翌火・水曜）
アクセス	都営地下鉄大江戸線・東京メトロ半蔵門線清澄白河駅より徒歩9分
住所	江東区三好2-5-3
HP	https://www.papilles.net/

Point

ワインの品質を守る最小限の灯り

ワインの品質を保つため、日光は厳禁。なので表のシャッターも常に閉まったままです。電気の光もできることなら避けたい。なので、1階の廊下には、ほの暗い電気がやわらかに点いています。

ガラスを通して
江戸っ子の粋を体感

GLASS-LAB

ぐらす・らぼ

GLASS
LAB
1950
プロの技術には驚かずにいられません。
0.09mm削れるってスゴイ……
ガラスを磨く最後の仕上げはなんと桐のローラー！桐で磨くと曇りがとれるんですって。
ガラスの加工体験ができます。
「液だれしないおしょう油さし」
実はおしょう油ではなく、化粧水を入れて使う方も多いそうですよ。

江戸切子を筆頭に、緻密な絵をガラスに描くことが得意なグラスラボ。思い出のワインを加工してランプシェードにしたりもしています。

ここでは、ガラス製のしょうゆさしの蓋の部分を削って、本体ときれいに組み合うように擦り合わせていき、「液だれのしないしょうゆさし」を作ることができます。「こんなにきれいなものならば」と化粧水入れにした方もいるそうですよ。きもの姿にも似合いそう！

DATA

電話	03-6318-9407
営業時間	体験教室10:00〜19:00（最終受付）
料金	「醤油差しのガラス加工体験」は4000円
休み	不定休
アクセス	都営地下鉄大江戸線・東京メトロ半蔵門線清澄白河駅より徒歩7分
住所	江東区平野1-13-11
HP	https://glass-labo.com/

part 7

清澄白河

2
アブアブ
赤札堂
清洲橋通り
清澄3
清澄白河駅
東京メトロ半蔵門線
4
中村学園北
養蜂場直営の生はちみつショップ。
スタンドのはちみつドリンクは
散歩疲れに効く！
まるでパリのお店のような、
おしゃれな紅茶専門店。
60種類以上もの茶葉が揃う
3
中村中・高
1
BEE FRIENDSHIP
深川江戸資料館東
TEAPOND
ブリオッシュにジェラートを
はさんだ新感覚スイーツを
散歩の一息に
清澄公園
三好2
三好3
Brigela
東京都現代美術館
明治42年に建てられた
レトロな西洋建築で
タイムスリップしたみたい！
築50年の
アパート兼倉庫を改修した、
カフェやショップの複合施設
5
6
清澄橋
深川6中西
深川図書館
清澄通り
都営大江戸線
アライズコーヒー
エンタングル
継がれゆく箱
fukadaso café
7
日本の前後美術を体系的に網羅。
斬新なアートの世界にひたれる
メンズライクな店内で
ハンドドリップのコーヒーを。
ブラジルブチンもおすすめ
ワイルドシルク
ミュージアム
平野
野蚕の吐く糸で作られたシルクに、
展示やグッズ、ワークショップなどを
通して親しめる
コーナン
平野2
木更木橋北
木更木橋南
N
0
200m
深川第二中
亀久橋

Column

伝統芸能に触れてみよう

劇場内で食事を楽しめるのが醍醐味の新橋演舞場、お弁当類が充実。せっかくなので、事前に予約して劇場内の食堂でいただきましょう。

新橋演舞場《しんばしえんぶじょう》

歌舞伎・新派・新喜劇など
和のエンターテイメントを上演

春には新橋芸妓による「東をどり」を上演。双眼鏡があるとより楽しめます。下駄で入場する場合は、じゅうたんが傷付くのでなるべくゴム底のものを選びましょう。お土産は限定ものが多いので、売り切れ前にあらかじめ買っておくほうが無難。

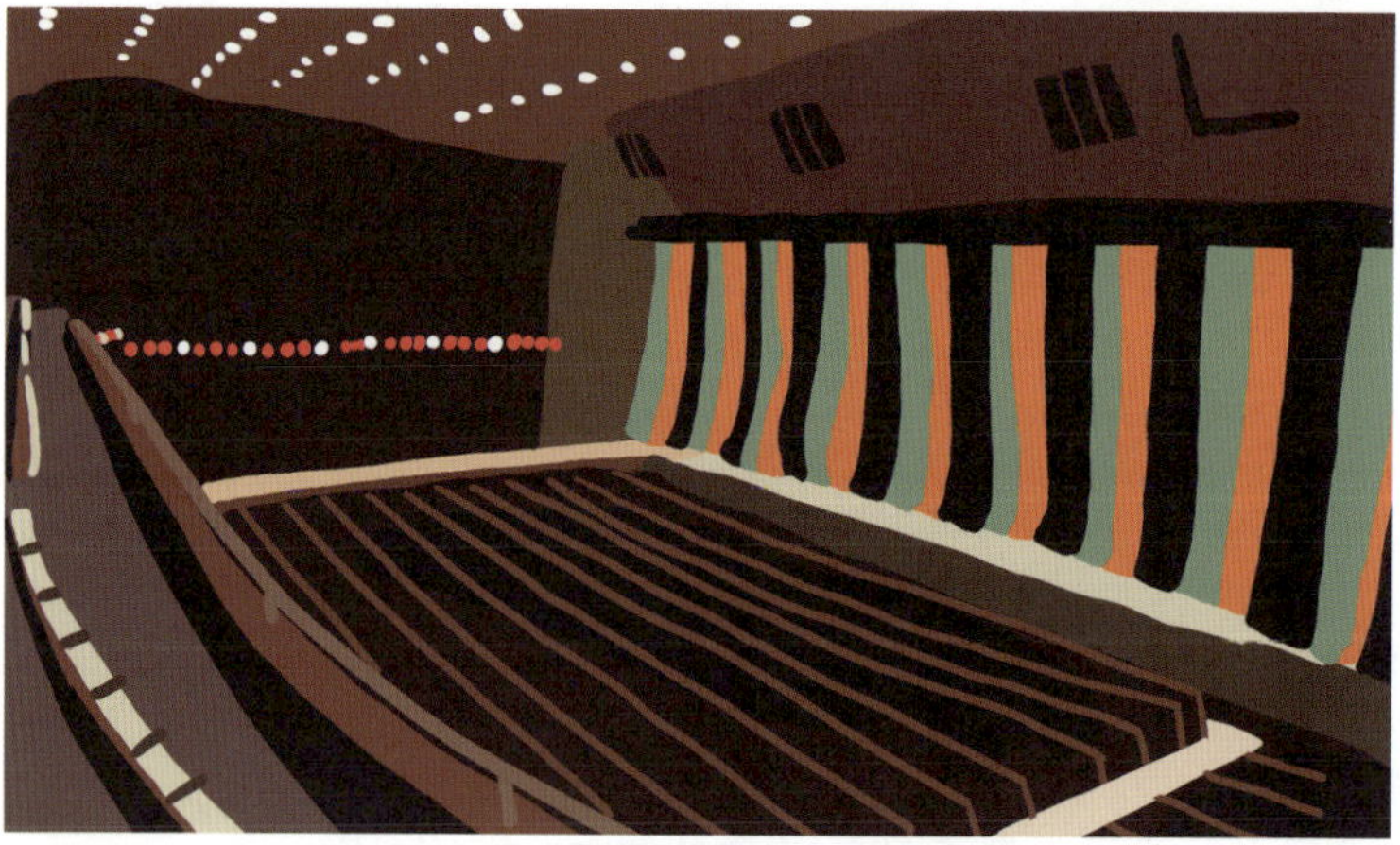

DATA

電話 03-3541-2600　開演時間 公演内容により異なる　料金 公演内容により異なる
アクセス 都営地下鉄大江戸線築地市場駅より徒歩3分、東京メトロ日比谷線ほか東銀座駅より徒歩5分　住所 中央区銀座 6-18-2　HP https://www.shinbashi-enbujo.co.jp/

国立能楽堂《こくりつのうがくどう》

能と狂言を楽しむならここ
独特の舞台美を堪能

女性がシテ（主役）の演目なら、能装束の色づかいなどが華やかでうっとりしますよ。きものコーデの参考にもなります。

前の座席の背面に小型液晶画面が設置されていて、詞章《ししょう》（謡曲などの文章）や解説などを見ながら鑑賞できます。建物内には面、装束などを展示した「資料展示室」や、能楽に関する資料を閲覧できる「図書閲覧室」もあるので、立ち寄ってみてください。

DATA

電話 03-3423-1331 **開演時間** 公演内容により異なる **料金** 公演内容により異なる **アクセス** JR 千駄ケ谷駅より徒歩5分、都営地下鉄大江戸線国立競技場駅より徒歩5分 **住所** 渋谷区千駄ヶ谷 4-18-1 **HP** https://www.ntj.jac.go.jp/nou.html

Column

伝統芸能に
触れてみよう

国立劇場《こくりつげきじょう》&国立演芸場《こくりつえんげいじょう》

歌舞伎、文楽、落語……日本の伝統芸能の宝庫

国立劇場

演目は歌舞伎、人形浄瑠璃文楽、舞踊、邦楽、民俗芸能、雅楽、声明など多様です。座席やロビーが広々としていて、きもの観劇のしやすさでは群を抜いています。２階売店では和装にぴったりな和雑貨が豊富です。桜の名所としても有名なので、春は桜のきもので行ってみましょう。

国立演芸場

落語など大衆演芸ならこちらへ。演者さんは「仕事着がきもの姿」という方が多く、とても参考になります。一流の噺家が出演する「国立名人会」や、若手出演者による「花形演芸会」などもおすすめ。

きもの観劇マナー

帯がお太鼓結びの場合、帯枕をクッション代わりにどーんと背もたれに寄りかかってください。浅く腰かけると、後ろの人の視界を遮ることも。

DATA

電話　03-3265-7411　開演時間　公演内容により異なる　料金　公演内容により異なる　アクセス　東京メトロ半蔵門線半蔵門駅より徒歩５分（国立劇場）、８分（国立演芸場）　住所　千代田区隼町4-1　HP　https://www.ntj.jac.go.jp/

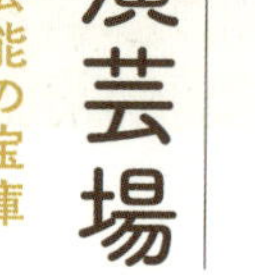

part 8

横浜

日本で最初に開かれた港があり、大きな中華街もあります。最近、電車の直接乗り入れが増えて、都内から横浜がとても近くなりました。東京散歩するなら、ぜひ一緒に横浜も巡りたいところです。

横浜散歩

ピックアップきものコーデ

和洋MIXさん

スカーフがポイント
ロングブーツを履くなら丈を短く着てバランスをとります。

カジュアルさん

ワンピースみたい
格子柄のきものはふだん着感が出て気軽な印象になります。

きちんとさん

青系のモノトーン
色半衿でも全体の色調を統一させれば、きちんと感が出ます。

色鮮やかな中国の寺に
意外ときものが映える

横濱媽祖廟《よこはままそびょう》

遠くから来てくれた
女神様にごあいさつ。
お線香を買って
5か所にさしてお詣りを
します。
他の国の文化に触れられるのも、
港町 横浜ならではです。
「赤」のパワーを
分けていただくのに、
赤い何かを身に付け
て行くのもアリ。

横浜中華街に行ったら、ぜひ中国のお寺にお参りしましょう。中華街に来たなと実感できますよ。

媽祖とは中国の女神。赤い衣を身にまとって海上を舞い、遭難者を救ったという伝説から、航海を守る女神として信仰を集め、次第に自然災害や疫病、戦争などからも守ってくれると祀られるようになりました。中国、台湾はもとより、華僑が住む世界各地で信仰されています。

DATA

電話	045-681-0909
開閉時間	9:00〜19:00
休み	なし
アクセス	みなとみらい線元町・中華街駅より徒歩3分
住所	横浜市中区山下町136番地
HP	http://www.yokohama-masobyo.jp/jp/

大人の自由研究！
絹について学ぼう

シルク博物館

しるくはくぶつかん

きもので行くと、入館料が割引になります。
それぞれに繭が何個使われて製品になるのかが一目でわかる展示も！
ネクタイ
スカーフ
ブラウス
きもの
絹製品として力作が飾られています。

横浜港から絹を輸出したことから、絹の歴史や科学技術を学べる博物館を建てたのだそうです。

蚕《かいこ》の観察ができ、どうやって繭《まゆ》から糸になるのかを実際に見ることができます。きものやブラウス、スカーフにするのに、それぞれどのくらいの繭が必要か、一目でわかる展示もあって、へぇ～と感心することばかり。シルクミュージアムショップもあり、さまざまな絹製品の販売もしています。

DATA

電話	045-641-0841
営業時間	9:30～17:00（入館は閉館30分前まで）
料金	一般500円ほか（きものでの来館者は団体割引）
休み	月曜（祝日の場合は翌火曜）、年末年始、臨時休館日
アクセス	みなとみらい線日本大通り駅より徒歩3分
住所	横浜市中区山下町1番地 シルクセンター2階
HP	http://www.silkcenter-kbkk.jp/museum/

和装でも居心地◎
畳敷きに高座いす席

聘珍樓
横濱本店

へいちんろう　よこはまほんてん

人気の「壺蒸しスープ」は、作るのに時間がかかるため、2日前までに予約が必要です。
この竹は圧巻。写真を撮るときの背景にもバッチリ！
聘珍樓

創業１３０余年。日本に現存する最古級の中国料理店です。30人を超える料理人たちが腕を振るう本格的な中国料理を味わえます。ここの「壺蒸しスープ」が一押し。ぜひ試してほしい一品です。高座いすの部屋ならきもの姿も似合います。そして珍しいことに、ワインの持ち込みができます。冷やしておきたいワインなら、事前持ち込みでもＯＫ。持込料３２４０円が別途かかります。

DATA

電話	045-681-3001
営業時間	11:00～15:00、17:00～22:00、土曜11:00～23:00、日曜・祝日11:00～22:00
料金	「今月のプレミアム壺蒸しスープ」4320円、「平日限定ランチコース」3240円～ほか（別途サービス料10%）
休み	不定休
アクセス	みなとみらい線元町・中華街駅より徒歩6分
住所	横浜市中区山下町149中華街大通中央
HP	http://www.heichin.com/

“和魂洋才”な店だから
きもので訪れてみよう

仏蘭西料亭 横濱元町
霧笛楼

ふらんすりょうてい　よこはまもとまち　むてきろう

優雅でエレガントな雰囲気の中、フランス料理が楽しめます。
霧笛楼
お店のコンセプトは「和魂洋才」、「温故知新」、「地産地消」です。
MU TEKI
MOTOMACHI

地元食材と旬を活かしたコースがおすすめのフレンチレストラン。1階はレストラン&バーで、ソムリエの他にチーズに詳しいギャルソンがいます。2階にはオリエンタルな調度品で飾られた個室があり、畳にいすが配置されています。

有名な「横濱煉《れん》瓦《が》」は濃厚なフォンダンショコラ。ホワイトチョコとラズベリーの組み合わせが爽やかな「横濱白煉瓦」もあり、こちらはお土産に。

DATA

電話	045-681-2926
営業時間	ランチ11：30～14：30(LO.)、ディナー17：30～20：00(LO.)
料金	ランチ4104円～、ディナー8640円～(別途サービス料10%)
休み	月曜不定休
アクセス	みなとみらい線元町・中華街駅より徒歩5分
住所	横浜市中区元町2-96
HP	https://www.mutekiro.com/

part 8

横浜

1 横濱媽祖廟

▸ p.142

2 シルク博物館

▸ p.143

3 聘珍楼 横濱本店

▸ p.144

4 仏蘭西料亭 横濱元町 霧笛楼

▸ p.145

Column

伝統工芸をもっと身近に

壱

染の里二葉苑《そめのさとふたばえん》

かつて染物をしていた川のすぐそばで染め体験

黒い板塀の門をくぐると、たくさんの刷毛が並んだ工房が見えてきます。工房の中では反物《たんもの》（布地）を長く広げて、若手の職人さんたちが染めの作業に勤しんでいる姿が。そのさらに奥には、かつて染めに欠かせなかった妙正寺川が流れています。

型染めを体験しながら、オリジナルの半衿《はんえり》を作ることができます。たすきや割ぽう着持参がおすすめです。

伊勢型紙を使ったランプシェードもあります。

「シミが付いてしまった」「もらったけれどもあまり好きな色ではなかった」そんな博多帯があったら持参しましょう。上から型染めをして、新しい帯に生まれ変わらせることができます。

DATA

電話 03-3368-8133 営業時間 11：00～17：00 料金 染色体験は「型染め」2900円、「トートバッグ型染め」2350円ほか 休み 日・月曜 アクセス 都営地下鉄大江戸線・西武新宿線中井駅より徒歩5分 住所 新宿区上落合2-3-6 HP http://www.futaba-en.jp/

染の里二葉苑と一緒にぜひ

林芙美子記念館《はやしふみこきねんかん》

きもの姿が昭和の建築にお似合い

小説家・林芙美子《はやしふみこ》が生前、住んでいた家を公開しています。室内から庭が見える書斎など、こだわりの設計が興味深く、芙美子の家作りへの情熱が伝わってきます。

芙美子は『放浪記』『晩菊』などの作品で有名な小説家。とてもおしゃれで、きもの姿の写真や愛用の和装小物も多く残されています。

部屋の一角に芙美子がオーダーしたという、更紗《さらさ》の押入れがあります。芙美子がお気に入りの更紗を使って誂《あつら》えたもののようです。

DATA 毎年2月開催のイベント「染の小道」では入館料が80円に。来館者のきもの人口が増えるそうです。

電話 03-5996-9207 **営業時間** 10:00〜16:30(入館は閉館30分前まで) **料金** 一般150円ほか **休み** 月曜(祝日の場合は翌火曜)、年末年始 **アクセス** 都営地下鉄大江戸線・西武新宿線中井駅より徒歩7分、東京メトロ東西線落合駅より徒歩15分 **住所** 新宿区中井2-20-1 **HP** https://www.regasu-shinjuku.or.jp/rekihaku/fumiko/12/

part 9

鎌倉

源頼朝が幕府を開き、鎌倉時代に政治の中心となった場所。寺社仏閣が多く、大仏様は特に有名。鎌倉幕府は絢爛豪華なイメージではなく、質実剛健で落ち着いた雰囲気。武道や華道茶道といった伝統文化もしっかり根付いています。

鎌倉散歩

ピックアップきものコーデ

和洋MIXさん

すぽっとかぶるだけ

ウールのきものの上にポンチョ。あったかい上にかわいい！

カジュアルさん

水玉半衿でPOPに

オレンジ系の小紋に青緑の半衿を組み合わせて元気な感じに。

きちんとさん

きりっとした紬姿

黒地の紬でモノトーンコーデ。落ち着いた印象になります。

古都鎌倉のきもの散歩
まずはここからお参り

鶴岡八幡宮

つるがおかはちまんぐう

鎌倉に来たら、まずは
ここにごあいさつしなくては。
額の中の「八幡宮」に
鳩が隠れています。
毎年七月になると、笹や短冊
が飾られてにぎやかに彩られます。
週末は和装の花嫁さんに
遭遇できる可能性が！

康平6（1063）年、源頼義《みなもとのよりよし》が源氏の氏神として、京都の石清水八幡宮を由比ガ浜《ゆいがはま》辺に祀ったのが始まりといわれています。その後、源頼朝《よりとも》が現在の地に遷し祀り、鎌倉の町作りの中心としました。現在の御本殿は文政11（1828）年、江戸幕府11代将軍の徳川家斉《いえなり》が造営したもの。国の重要文化財に指定されています。境内には静御前ゆかりの舞殿では、4月の「鎌倉まつり」で舞も見られます。

DATA

電話	0467-22-0315
開閉時間	6:00〜20:30
アクセス	JR・江ノ電鎌倉駅より徒歩10分
住所	鎌倉市雪ノ下2-1-31
HP	https://www.hachimangu.or.jp/

優美なきもの姿を
日本画で鑑賞

鎌倉市
鏑木清方
記念美術館

かまくらしかぶらききよかたきねんびじゅつかん

古都鎌倉らしい静かな住宅地の中にある、落ちついたたたずまいの美術館です。

夏には「浴衣で楽しむ美術館」という企画も。

鏑木清方は好みの草花を植えてスケッチをしていたそうです。庭園では四季の花が咲いています。

近代日本画の巨匠、鏑木清方の作品を多く収めた美術館です。

代表的な収蔵品の「朝涼《あさすず》」は、清方が横浜・金沢の別荘に滞在した際、長女と散歩したときの情景をもとに描いたものです。残月が空に浮かぶ早朝に、きものを着て帯をしめ、おさげの先に触れている姿は実に清らか。その他、樋口一葉や泉鏡花の小説に着想を得て描いた作品や、挿絵画家として活躍していた頃の作品も観られます。

DATA

電話	0467-23-6405
営業時間	9:00〜17:00（入館は閉館30分前まで）
料金	企画展一般200円ほか、特別展一般300円ほか
休み	月曜（祝日の場合は翌平日）、年末年始、展示替え期間
アクセス	JR・江ノ電鎌倉駅より徒歩7分
住所	鎌倉市雪ノ下1-5-25
HP	http://www.kamakura-arts.or.jp/kaburaki/

きもので仏像と
向き合うと背筋ピン

鎌倉国宝館

かまくらこくほうかん

仏像の指先って、とても美しいのです。
しぐさを学ぶ、いい学び舎です。

たくさんの木々に囲まれた中にある小さな博物館です。
ガラスケース越しにでなく仏像が見られるので、じっくりとお宝拝見ができますよ。

昭和3(1928)年に開館した、歴史と美術の博物館で、鶴岡八幡宮の境内にあります。鎌倉とその周辺の寺社に伝来する彫刻、絵画、工芸、書跡、古文書、考古資料などの文化財を保管し、展示しています。外観は正倉院の校倉造りを模していて、内部は鎌倉時代の寺院建築の手法が再現されています。

ここでは鎌倉地方の仏像が常設展示されています。静かな環境で鎌倉の歴史に触れられます。

DATA

電話	0467-22-0753
営業時間	9:00〜16:30(入館は閉館30分前まで)
料金	展覧会により異なる
休み	月曜(祝日の場合は翌平日)、展示替え期間、特別整理期間、年末年始
アクセス	JR・江ノ電鎌倉駅より徒歩12分
住所	鎌倉市雪ノ下2-1-1(鶴岡八幡宮境内)
HP	https://www.city.kamakura.kanagawa.jp/kokuhoukan/

老舗の安心感＆キュートさ
きもの休憩ならここ

豊島屋菓寮《としまやかりょう》 八十小路《はとこうじ》

紅白の白玉と、小さな白い鳩の飾りが愛らしい「豆羹」。
←

鳩サブレーの文房具!?
ユニークなグッズもたくさんあります。
(裏にある本店で取り扱っています。)

八十小路
本店のすぐ裏にある和カフェです。
↗鳩サブレーにちなんで、千鳥柄の小紋にしてみました。

鳩サブレーで有名な豊島屋の、すぐ裏手にある和の雰囲気たっぷりなカフェです。「あん蜜」や「豆羹」に入っている白玉が、紅白抱き合わせでかわいらしく、彩りもきれい。写真映え間違いなし。

鎌倉土産には鳩サブレーはもちろん、ふっくらした小鳩の形がかわいい落雁「小鳩豆楽」もおすすめ。口の中でほろりと溶けるやさしいお菓子です。こちらは本店でお求めくださいね。

DATA

電話	0467-24-0810
営業時間	11:00〜17:00（季節により変動あり）
料金	「あん蜜」800円、「本わらび餅」700円ほか
休み	水曜（祝日は営業）月により変動あり
アクセス	JR・江ノ電鎌倉駅より徒歩7分
住所	鎌倉市小町2-9-20
HP	http://www.hato.co.jp/

part 9

鎌倉

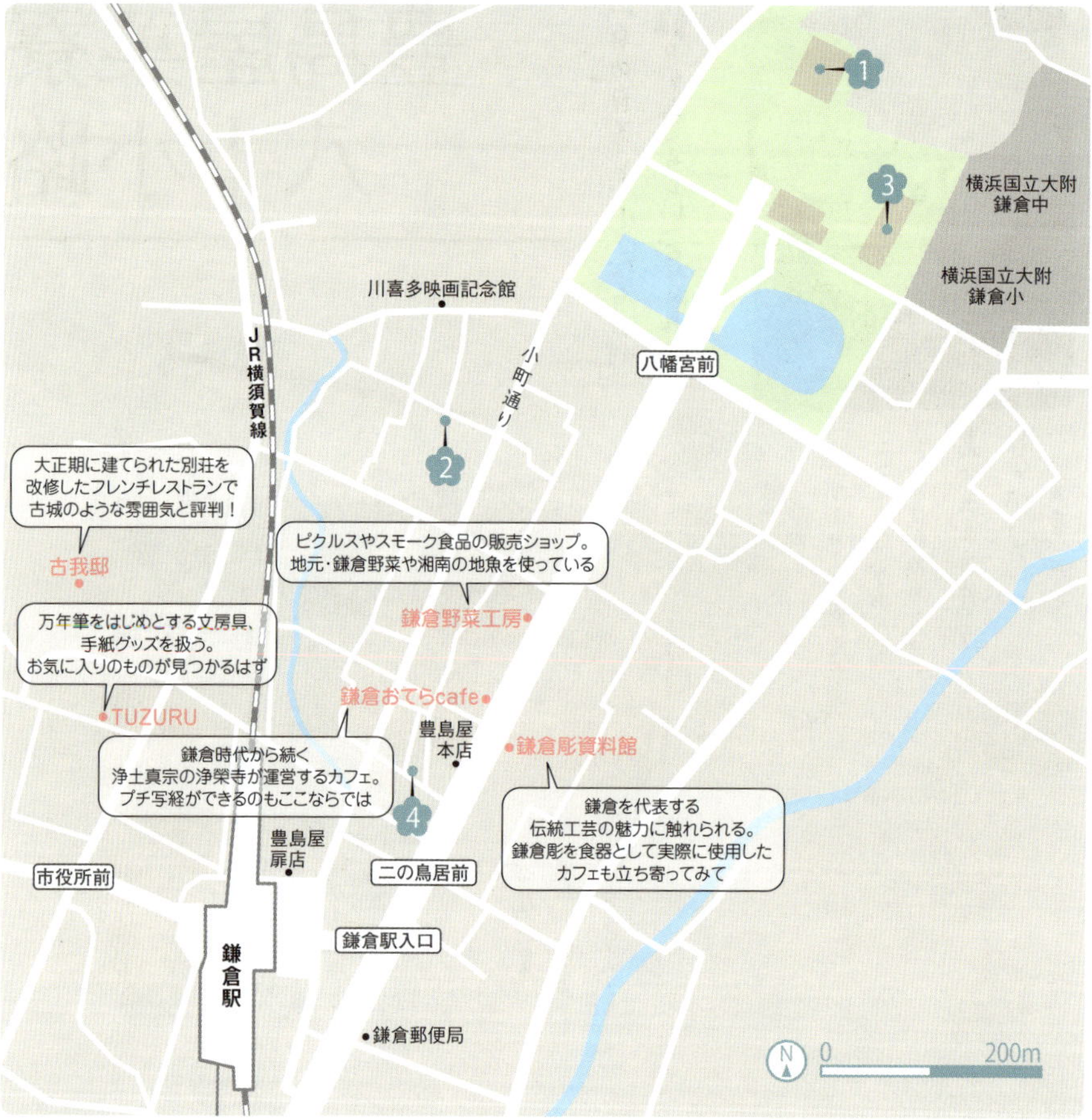

1 鶴岡八幡宮

▶ p.150

2 鎌倉市鏑木清方記念美術館

▶ p.151

3 鎌倉国宝館

▶ p.152

4 豊島屋菓寮　八十小路

▶ p.153

Column

伝統工芸をもっと身近に

弐

向山楽器店《むこうやまがっきてん》

三味線を作る技術で帯留めやかんざしを作れる

「木栓《もくせん》」「張《は》り台《だい》」という道具を使って、三味線の皮を張る作業を見学することができます。「皮を1000枚破いて失敗しないと一人前の楽器職人になれない」と言われているそうです。

店内には初心者向けに中古の三味線や胡弓《こきゅう》、琴などが置いてあります。三味線はだいたい2万円くらいから。

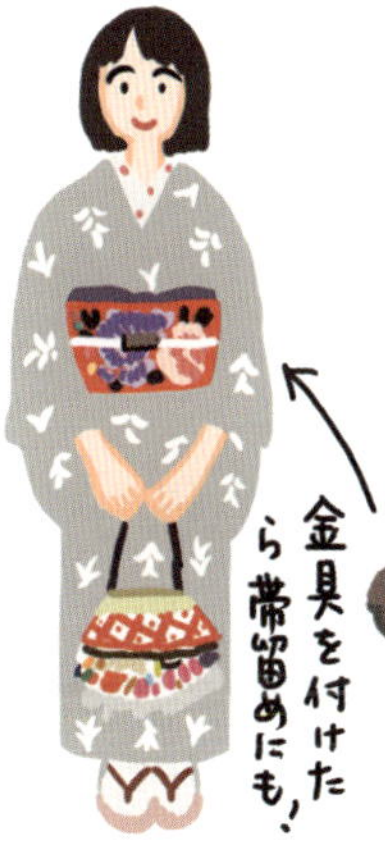

材料の端材を使って、「木をつやつやになるまで磨く」という体験ができます。かんざしにもなるお箸、帯留めになるペンダントヘッド、飾り台が作れます。

DATA

電話 03-3681-7976 営業時間 10:00 ～ 18:30 料金 体験学習は「箸作り」2000円、「紅木材のペンダント」1500円 休み なし アクセス JR平井駅より徒歩5分 住所 江戸川区平井4-1-16 HP https://www.mukouyama.jp/

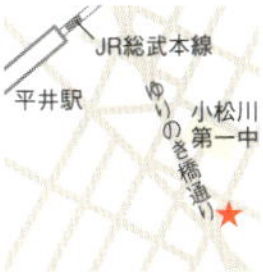

東京染ものがたり博物館《とうきょうそめものがたりはくぶつかん》

染めに欠かせない糊《のり》付《づ》け体験 お直しの相談もできる

12万柄もの伊勢型紙（布地に柄をつける伝統の道具）が保管されています。中でも「極鮫《ごくさめ》」という細かい柄の型紙になると、1枚で60万円もの価値があるそうで、まさしく宝の山！　布を染めているところ、洗っているところも見学できます。

染め体験では36cm四方の布を小花柄に染めます（別途料金で袱紗《ふくさ》にも加工可）。トートバッグも製作できます。

伊勢型紙を使った「糊付け」ができます。たすきか割ぽう着を持参する、もしくは袂（袖下の丸み部分）を前帯にはさむと、作業しやすいですよ。前掛けがあるとなおよし。

DATA

電話 03-3987-0701 **営業時間** 10：00 ～・12：00、13：00 ～ 16：00 **料金** 工房見学と染色体験がセット（所要時間は約 90 分）で、「ふくさ」4500 円、「トートバッグ」2500 円ほか **休み** 土・日曜、祝日 **アクセス** 東京メトロ副都心線西早稲田駅より徒歩 10 分、都電面影橋駅より徒歩2分 **住所** 新宿区西早稲田 3-6-14 **HP** http://www.sarakichi.tokyo/

Special

きもの散歩におすすめ 季節ごとのコーディネートアイデア

きものは大きくフォーマル（冠婚葬祭とお茶席）とカジュアル（ファッション）に分かれます。散歩のきものはカジュアルですから、季節ルールは不要。でも、四季のある日本ですから、春夏秋冬を意識してみましょう。

春

パステルやペールトーン色のきものは、いかにも春らしい雰囲気に。

花など季節の柄は率先して着たい。梅と桜は枝がなければ一年中OK。

春なのに風が冷たい日は、軽めのショールをふわりとまとって。

白地にレース柄の帯は、軽やかなイメージ。蝶々の帯留めもグッド。

「春」は立春から桜が咲く頃まで

春先の肌寒い日はショールなどで防寒をしつつ、淡い色のきものを着ると春らしい雰囲気が漂います。春に咲く花の柄のものを持っているのなら、今がチャンス！　率先して身に着けましょう。きものの柄は基本的に季節を先取りしますが、〝どんぴしゃ〟で着ても「名残という情緒です」と主張して、長く楽しみましょう。

暑ければ「夏」、耐えうる寒さのうちは「秋」の装い

夏はゆかたが楽です。半衿を見せて足袋を履けば、きものとして通用します。鼻緒で足が痛いときは、足袋靴下かレース足袋、指が出るタイプの「こたび」(ゑびす足袋)を履くと楽です。淡い色や透かし織のゆかたをインナー無しで着ると、ショーツが透けて後姿が大変なことに！　インナースカートや「リラコ」(ユニクロ)を着て。

秋は、とりわけ暑くも寒くもないのでさまざまな着こなしを楽しめます。羽織は紅葉が色づく頃から桜の花が咲くまでの上着とされていますが、紗羽織という薄物もあります。羽織を持っていなければ帯付き(帯が前後とも見えるスタイル)でも大丈夫。

秋

黒や濃い地の羽織はジャケット感覚で。羽織紐のおしゃれも楽しみ。

派手な柄の羽織は、無地感覚のきものに合わせるとしっくり。

透ける素材の羽織は、桜が散ってから秋の紅葉が色づく頃までに着用可。

季節限定の柄は、派手であるほど、堂々と背をピンと伸ばして。

夏

ゆかたでも半衿(夏素材)を見せて足袋を履けば、夏きものとして少し格アップ。

日傘は日焼けしたくない人の必需品。少し高めに持つと絵的に美しくなります。

冬

スヌード、帽子、ブーツ……寒い時期ほど「和洋MIX」が楽しめます。

ポンチョだろうがマントだろうが、洋服のものも遠慮なく使います。

マフラー・帽子は寒ければオン、暑ければオフ。調節は洋服と同じで。

中にロングスカートをはくと防寒に。裾からスカートを見せて「和洋MIX」にするものあり。

襦袢《じゅばん》を着ずにタートルネック。派手な色も楽しくおしゃれ。

パーカーインで着る場合は、フードを外に出します。

中にしっかり着こんでいれば、マフラーひとつでも十分防寒になります。

あったか素材の厚手の大判ストールは、きものにも洋服にも使えます。

寒ければ「冬」、ただしどんなに寒くても節分まで

寒さ対策の要は、首と手首。ここさえ守られていれば、まず大丈夫。「きちんとさん」や「カジュアルさん」は、羽織やコートの上からショールやマフラーを。アームウオーマーも大事なアイテムです。「和洋MIXさん」ならばポンチョやマント、スヌードなどもOK。ニットキャップとブーツの組み合わせもいいですね。個人的にはインナーをタートルネックやパーカーにするのがおすすめです。きものにパーカーを合わせる場合は、フードを外に出します。下にはウエストゴムのスカートを。

節分を過ぎても寒い場合は、防寒対策をしながら春らしい色を身に着けて春支度ですね。

きくちいま

エッセイスト兼イラストレーター。1973年山形県生まれ。都留文科大学文学部国文学科卒業。大学を卒業後、東京・日本橋にあるきものの広告・雑誌の会社にコピーライターとして入社。1999年、フリーのライター、イラストレーターとして独立。イラストとエッセイを組み合わせた作風で、きものライフや日々の暮らしなどを綴る。執筆の他、きものや帯などのプロデュースも手がける。家では3世代同居で３人の子どもと犬１匹の母。よほどのことがない限り、ほぼ一年中きもので過ごしている。山形県在住。2012年、結城紬大使を拝命。

http://imappage.net/

STAFF

編集　中尾祐子
デザイン　市川しなの（Q.design）
地図制作　マップデザイン研究室
校正　大野由理
営業　峯尾良久

この本には、たくさんのきもの姿が登場します。
SNSでイラストにするコーディネートを募集したところ、
数日で150名を超す方々からご応募をいただきました。
この場を借りて御礼申し上げます。
小さいイラストになってしまうのが惜しいほど
描くのが本当に楽しく、皆さんのおしゃれぶりに
感心しながらの作業でした。
また、本書の刊行にあたり、取材協力いただきました
皆様にも御礼申し上げます。
ありがとうございました。

東京 着物さんぽ

初版発行　2019年10月25日

著　者　きくちいま
発行人　坂尾昌昭
編集人　山田容子
発行所　株式会社G.B.
〒102-0072　東京都千代田区飯田橋4-1-5
電話　03-3221-8013（営業・編集）
FAX　03-3221-8814（ご注文）
URL　https://www.gbnet.co.jp
印刷所　株式会社シナノパブリッシングプレス

ISBN:978-4-906993-77-2